Método fácil para
leer música

Método fácil para leer música

Título original: *How to Read Music*

Segunda edición: marzo 2006

Copyright del diseño y de los textos © Carlton Books Limited 1999

Fotografías de la cubierta:
Partitura © Tony Stone Images/Simon Battensby
Teclado © The Image Bank/G. S. Chapman

Copyright © para la edición española Parramón Ediciones, S. A., 2004
Ronda de Sant Pere, 5, 4ª planta
08010 Barcelona
Empresa del Grupo Editorial Norma de América Latina
www.parramon.com

Traducción: Jorge Rizzo

CD grabado en The Piano Factory y producido por The Orgone Company
El CD adjunto carece de utilidad si no se acompaña del libro.

ISBN: 84-342-2572-7

Depósito legal: B-10.674-2006

Editor del proyecto: Lucian Randall
Asesor musical: Andrew O'Brien
Gestión del diseño: Zoë Mercer
Editado y diseñado por Terry Burrows

Impreso en España

TERRY BURROWS

Método fácil para leer música

GUÍA PARA INICIARSE
DE FORMA ÁGIL
EN EL LENGUAJE MUSICAL

Parramón

Sumario

PRÓLOGO

Unas palabras…

Para la mayoría de adultos, aprender a leer música es como aprender un idioma escrito en un alfabeto desconocido. Los occidentales que se enfrentan al ruso o al japonés por primera vez pueden aprender a decir algunas frases básicas a los pocos días, pero la capacidad de leer esas palabras por escrito lleva inevitablemente mucho más tiempo.

¿EN QUÉ CONSISTE ESTA OBRA?

La diferencia mencionada entre aprendizaje oral y escrito disuade a muchos músicos «analfabetos» de aprender siquiera a leer música. Los que han estudiado siguiendo el método clásico habrán aprendido a tocar un instrumento y a leer música al mismo tiempo, desarrollando ambas habilidades paralelamente. No obstante, para un músico autodidacta competente, volver a los conceptos básicos puede parecer un esfuerzo muy duro e ingrato. Sin embargo, se sorprendería de lo rápido que se consiguen excelentes resultados invirtiendo sólo unas cuantas horas a la semana.

Método fácil para leer música es una guía audiovisual completa. A lo largo de las diez lecciones del libro el lector aprenderá los conceptos básicos de la lectura a vista, así como los principios generales de la teoría de la música. Las lecciones están organizadas de modo que los nuevos conceptos se van introduciendo de forma sistemática por orden de complejidad, reforzándolos con frecuentes ejercicios de lectura y audición. Al acabar el curso estará dotado de suficientes conocimientos para leer a vista algunas piezas musicales de dificultad considerable.

Este libro es una introducción ideal para músicos de cualquier nivel, desde el principiante absoluto al intérprete experto que nunca ha estudiado teoría de la música, o que sencillamente ha borrado de la memoria las clases que recibió durante la infancia o la adolescencia. El curso es compatible con cualquier estilo de música, desde la clásica al jazz o el rock y para cualquier instrumen-

VISTA Y OÍDO
∾∾∾

A LO LARGO DEL CURSO, LAS LECCIONES SE COMPLEMENTAN CON UNA SERIE DE PRUEBAS DE AUDICIÓN Y LECTURA. CUANDO VEA UN PICTOGRAMA CON LA REPRODUCCIÓN DE UNA OREJA, SIGNIFICA QUE DEBE RESPONDER A UNA SERIE DE PREGUNTAS BASADAS EN UNAS PISTAS DETERMINADAS DEL CD.

DEL MISMO MODO, EL PICTOGRAMA QUE REPRESENTA UN OJO INDICA UNA PRUEBA DE EJECUCIÓN O LECTURA. EN ESTOS CASOS TIENE QUE LEER UNA PIEZA E IDENTIFICAR ASPECTOS DE LA ESCRITURA, O CANTAR O INTERPRETAR EL EJEMPLO CON EL INSTRUMENTO DE SU ELECCIÓN. PUEDE COMPROBAR SI HA RESPONDIDO CORRECTAMENTE ESCUCHANDO EL CD.

CÓMO USAR EL CD

∞∞∞∞

MÉTODO FÁCIL PARA LEER MÚSICA INCLUYE UN DISCO COMPACTO DE 70 MINUTOS. EL CONTENIDO DEL MISMO SE PUEDE DIVIDIR EN DOS CATEGORÍAS: LA PRIMERA DA APOYO SONORO A LOS NUEVOS CONCEPTOS O EJEMPLOS. ASÍ, SI LEE UN FRAGMENTO MUSICAL QUE CONTIENE UNA SERIE DE NOTAS, PODRÁ ESCUCHAR EXACTAMENTE CÓMO SUENAN, CON LO QUE ASOCIARÁ DE INMEDIATO LA ESCRITURA Y LA MÚSICA. ESTE RECONOCIMIENTO DE NOTAS Y RITMOS ES ESENCIAL PARA ADQUIRIR AGILIDAD EN LA LECTURA A VISTA. EN SEGUNDO LUGAR, EL DISCO CONTIENE EJERCICIOS QUE LE PERMITIRÁN COMPROBAR HASTA QUÉ PUNTO HA COMPRENDIDO CADA LECCIÓN. EL SÍMBOLO DE PUESTA EN MARCHA LE INDICA CUÁNDO DEBE PONER EL DISCO. LOS DOS NÚMEROS QUE HAY JUNTO AL SÍMBOLO SEÑALAN LA PISTA Y EL NÚMERO DE

ÍNDICE QUE TIENE QUE BUSCAR EN EL REPRODUCTOR.

▶ 4 / 7

EL NÚMERO DE PISTA (EL PRIMER DÍGITO) SIEMPRE COINCIDE CON EL NÚMERO DE LA LECCIÓN. EL NÚMERO DE ÍNDICE SE PUEDE SELECCIONAR EN LA MAYORÍA DE REPRODUCTORES. SON COMO PISTAS DENTRO DE CADA PISTA Y SE SUELEN PROGRAMAR DEL MISMO MODO. EL EJEMPLO ANTERIOR INDICA QUE HAY QUE ESCUCHAR EL SÉPTIMO EJERCICIO DE LA LECCIÓN CUATRO. NO SE PREOCUPE SI SU REPRODUCTOR DE CD NO INDICA NÚMEROS DE ÍNDICE. LAS PISTAS SIGUEN UNA SECUENCIA, DE MANERA QUE PUEDE APROVECHAR LA PAUSA ENTRE UN EJERCICIO Y OTRO. SI SU REPRODUCTOR TIENE MANDO A DISTANCIA, LA TAREA SERÁ AÚN MÁS FÁCIL.

---

to. E incluso quien no toque ningún instrumento puede realizar los ejercicios con facilidad usando únicamente la voz.

PLANTEAMIENTO DEL CURSO

Cualquiera que sea la disciplina que espera dominar, la ventaja de aprender por sí mismo en vez de asistir a un curso formal es que puede hacerlo a su ritmo. No obstante, hay que hacer una advertencia: tal como descubrirá enseguida, los mecanismos de aprendizaje de la lectura musical son relativamente simples y si, como algunas personas, tiene un «oído» musical natural, es probable que puede seguir el curso con celeridad. Pero por muy bien que comprenda el funcionamiento de la música escrita, la facilidad para leer a vista —la capacidad de ver una partitura y poder cantarla o tocarla de inmediato— sólo se adquiere con el tiempo. Y eso significa PRACTICAR.

Un modo práctico y metódico de usar este *Método fácil para leer música* consiste en fijarse un horario e intentar mantenerlo. Aunque se puede completar una lección en una hora aproximadamente, quizás convenga limitar el trabajo a una lección por semana. Entre una sesión y otra, puede adquirir partituras (en establecimientos de música o grandes librerías) y aplicar los conocimientos aprendidos a ejemplos «reales» de música escrita. Si puede, haga fotocopias para poder escribir sobre ellas. Antes de pasar a la siguiente lección, repase la anterior —al final de cada una encontrará un breve resumen— para asegurarse de que ha entendido bien todos los detalles.

Si le parece que la tarea a la que se enfrenta es de enormes proporciones, piense en esto: sólo con que pase CINCO MINUTOS AL DÍA leyendo CUALQUIER tipo de partitura, anotando los nombres de las notas y sus valores, EN UN AÑO podrá trabajar con piezas de gran dificultad sin demasiado esfuerzo. Está GARANTIZADO.

TERRY BURROWS
LONDRES, JUNIO DE 1999

INTRODUCCIÓN·

Un poco de historia

Podemos dar por supuesto que, por primitiva que fuera, la música ha existido prácticamente desde el momento en que el ser humano ha sido capaz de comunicarse. No obstante, los principios estructurados que han permitido la escritura de la música no aparecieron hasta hace unos miles de años. Hasta entonces, la música se transmitía oralmente de una generación a otra, del mismo modo que los grandes mitos y leyendas.

LA TRADICIÓN OCCIDENTAL

Sin música escrita, el músico del mundo antiguo tenía dos opciones: podía reproducir algo que ya había oído o tenía que inventárselo. Sin embargo, durante el último milenio, la evolución de la tradición clásica occidental ha visto el desarrollo de un método formalizado con el que se pueden transcribir con todo detalle las composiciones más complejas. Y así, la existencia de la escritura ha permitido el desarrollo de una música polifónica muy elaborada desde el siglo XVII en adelante. Para el intérprete, la música escrita era una ayuda para la memoria o le permitía reproducirla sin haberla oído con anterioridad. Pero por encima de todo la escritura ha servido para que la música conservara su integridad.

Esta última cuestión es especialmente significativa si se compara el modo en que se trata la música y la composición en el mundo occidental con otras tradiciones clásicas, igualmente importantes, de otras culturas del mundo. Si se piensa en una pieza de un maestro clásico como Mozart, Bach o Beethoven, se da por sentado que sus composiciones —y con ellas el modo en que las escribieron— no admiten modificaciones, con lo que la principal función que presenta la escritura es la de ayudar al intérprete a reproducir la música de la forma más parecida posible a la deseada por el compositor. No parece descabellado pensar que si una pieza para piano de Schumann se hubiera transmitido únicamente de boca en boca al cabo de varias generaciones el original se habría modificado. Y, por supuesto, resulta muy difícil imaginar cómo se podría transmitir una composición orquestal compleja.

POR TODO EL MUNDO

Esta situación no es necesariamente la misma en otras culturas. En la música hindú y oriental, el papel del músico no es el de un mero intérprete, y por ello han surgido formas de escritura alternativas. Así, el sistema tonal occidental, que divide la octava en doce divisiones idénticas (de Do a Do en el teclado de un piano, por ejemplo, si se incluyen las teclas negras), puede resultar inadecuado para formas musicales que, en muchos casos, suenan completamente extrañas a un oído occidental.

Algunas culturas musicales usan nomenclaturas diferentes. La nomenclatura es la atribución de una sílaba fonética a cada grado de la escala musical. Todos hemos oído la canción *Do - re - mi* de la película *Sonrisas y lágrimas*, que enseña el sistema de solfeo básico europeo, nombrando las notas de la escala Do, Re, Mi, Fa, Sol, La, Si, Do (aunque en la canción sustituyan «Sol» por «So» y «Si» por «Ti»). Este método se ha usado mucho para enseñar melodías a las personas que no sabían leer música. Otras culturas han desarrollado sus propios equivalentes a lo largo de su historia, como el sistema hindú de «Sa», «Ri», «Ga», «Ma», «Pa»,

«Dha» y «Ni», o los «Kung», «Shang», «Chiao», «Chih» y «Yü» chinos, o los «Ding», «Dong», «Deng», «Dung» y «Dang» de Bali.

LAS NORMAS ACTUALES

La escritura musical que se usa hoy en el mundo occidental nos resulta a todos inmediatamente identificable, aunque no podamos entender su significado. En ella se disponen círculos con diferentes características, que representan la duración de cada nota y que se sitúan en una renglonadura de cinco líneas rectas o pentagrama, de lo que se deduce el tono de cada nota. Junto a la notación se puede incluir una gran variedad de símbolos gráficos que constituyen instrucciones adicionales para el músico sobre el volumen al que se deben interpretar las notas. Así se indican las tres características básicas de cualquier nota: tono, duración y volumen. Sin embargo, para llegar hasta este punto ha habido una evolución que ha durado miles de años.

LA TRADICIÓN ORAL MODERNA

~~~~~

LA GRAN MAYORÍA DE MÚSICA FOLCLÓRICA Y POPULAR SIGUE APRENDIÉNDOSE Y TRANSMITIÉNDOSE DE FORMA ORAL. SIN EMBARGO, ESTE PROCESO HA CAMBIADO RADICALMENTE DESDE PRINCIPIOS DEL SIGLO XX, CON EL DESARROLLO DE LA TECNOLOGÍA DE GRABACIÓN, QUE PERMITE ESCUCHAR REPETIDAMENTE UNA PIEZA, CONSTITUYENDO UNA FORMA ALTERNATIVA DE APRENDIZAJE Y TRANSMISIÓN DE LAS CANCIONES POPULARES SIN NECESIDAD DE LEER MÚSICA. TAMBIÉN ES UN MEDIO DE CONSERVAR LA INTEGRIDAD DE LAS OBRAS ORIGINALES.

LA EVOLUCIÓN DE LA ESCRITURA MUSICAL

A pesar de haber indicios de que ya existía música escrita en el antiguo Egipto en el 3000 a.C., se puede decir sin temor a equivocarse que la base a partir de la que ha evolucionado la escritura musical occidental empezó en la Grecia clásica. Fue allí donde se adoptó por primera vez el sistema de nomenclatura de los diferentes tonos con letras. Desgraciadamente, aunque han perdurado algunos fragmentos escritos, ofrecen muy pocas pistas sobre cómo sonaría la música de aquella época. No obstante, algo de lo que se puede estar seguro es del importante papel que desempeñaron los grandes filósofos de la antigua Grecia en el desarrollo de la teoría de la música occidental.

Los primeros teóricos más influyentes fueron los pitagóricos, que consideraban que la música y las matemáticas estaban inextricablemente asociadas. Pitágoras, que vivió hacia 550 a.C., calculó cómo cambiaba el tono cuando se alteraba la longitud de la cuerda que se hacía vibrar, y sus discípulos dedujeron las ecuaciones matemáticas que determinaban los intervalos más agradables al oído. Observaron que, reduciendo la longitud de la cuerda a la mitad, creaban la octava —la misma nota pero en un registro más alto—. Del mismo modo, las proporciones de 4:3 y 3:2 eran las que producían los intervalos más agradables (conocidos por el músico moderno como «cuarta justa» y «quinta justa», respectivamente), definiendo así los sonidos consonantes.

Doscientos años después la influencia de Platón y Aristóteles se reflejaría en el teórico más importante de la música de la Grecia clásica, Aristoxeno. Este alumno de Aristóteles, escribió el primer tratado conocido de teoría de la música. Entre sus ideas destacaba la de que el tono era una larga línea que podía dividirse un número infinito de veces. Lo que permitiría posteriormente la denominación de tonos específicos usando letras del alfabeto jónico. Parte de la terminología usada en esa época reaparecería casi mil años más tarde en Europa, donde, debido a la influencia de la Iglesia, la obra de Aristóteles y de Platón contribuyó a dar forma a los fundamentos del pensamiento occidental.

LA NOTACIÓN GREGORIANA

No resulta, pues, sorprendente que fuera la música de la antigua Iglesia europea la que guiara el nacimiento de una forma de escritura que iría evolucionando lentamente hasta la que conocemos hoy en día. A partir del canto gregoriano del siglo IX empezó a usarse un sistema conocido en la actualidad como NEUMA. Al principio no era más que una serie de instrucciones para los cantantes, que ya estaban familiarizados con la melodía y la letra: estos «neumas simples» se usaban para representar las variaciones de los tonos (hacia arriba o hacia abajo) y la ornamentación vocal. Hacia el año 1100, el sistema había evolucionado tanto que los neumas ya se plasmaban de forma que sugerían líneas de melodía. Se fijaron los tonos marcando los neumas sobre cuatro líneas horizontales de música, representando así el tono de cada nota. Esto permitía al cantante, por vez primera, interpretar una melodía desconocida.

Con el reconocimiento de los diferentes registros vocales se hizo necesario escribir una gama mayor de notas. Al principio se usaron los colores para poner las líneas musicales en contexto. Por ejemplo, una línea roja significaba la nota Do (y así se definían las notas de las otras líneas). Posteriormente, se incluyó la letra de la nota de referencia al principio del pentagrama. Para establecer los diferentes registros se usaron las notas Sol, Fa y Do (con su denominación anglosajona, G, F y C). Estas letras se fueron estilizando y acabaron convirtiéndose en las claves que hoy encontramos en las partituras.

G
(CLAVE
DE SOL)

F
(CLAVE
DE FA)

C
(CLAVE
DE DO)

FRANCO DE COLONIA

Hacia el año 1200, los neumas empezaron a adoptar características del sistema moderno, como la adición de la quinta línea del pentagrama. Hacia 1260, se aplicaron por primera vez valores a las notas, con la aparición del sistema que conocemos actualmente como NOTACIÓN MENSURAL, codificado por Franco de Colonia, quien, influido por Aristoxeno, ideó un sistema de notas con subdivisiones proporcionales. A los valores de las notas se les dieron los nombres de *máxima*, *larga*, *breve*, *semibreve* y *mínima* –los tres últimos términos aún se usan hoy en día en algunos contextos e idiomas–. Estos símbolos aparecían en el pentagrama en forma de cuadrados rellenos o rombos con un palo.

Para hacer posible la transcripción de una variedad de efectos rítmicos, Franco de Colonia también consideró la posibilidad de dividir las notas mencionadas en fracciones, dos o de tres, que denominó «imperfectas» (una división de dos) y «perfectas» (una división de tres). La combinación de estos diferentes valores hizo posible la producción de una mayor variedad de efectos rítmicos.

Hacia 1400 se añadieron más subdivisiones para permitir la escritura de una música con mayores sutilezas: la *fusa* (también denominada en ocasiones semimínima) y la *semifusa*, que se indicaban con uno o dos «corchetes» en el extremo del palo.

EL SISTEMA MODERNO

El sistema mensural se usó hasta 1600 aproximadamente. Desde ese momento fue evolucionando hasta convertirse en una forma primitiva de la escritura que conocemos en la actualidad. Durante esta época, las notas se volvieron redondas y se agruparon en función de su valor. No obstante, el cambio más significativo fue el abandono de la idea de las notas perfectas e imperfectas a favor de una concepción de simple relación de dos a uno. A partir de entonces, cada vez que había que dividir una nota en tres, se indicaba añadiendo un punto a continuación.

Este período también vivió cambios sustanciales en la teoría de la música. La música escrita para el canto llano, como el gregoriano, se había compuesto usando notas extraídas de una serie de secuencias conocidas como MODOS. Cada modo constituía una escala compuesta de una serie fija de intervalos de tonos, de manera que cada uno tenía carácter propio. Los ocho modos usados eran el dórico, el hipodórico, el frigio, el hipofrigio, el lidio, el hipolidio, el mixolidio y el hipomixolidio. En la Edad Media, las melodías escritas aparecían en los libros litúrgicos o antifonarios ordenadas según su modo.

El Renacimiento supuso un cambio en la práctica compositiva que llevó a la creación de cuatro nuevos modos, dos de ellos conocidos como eólico y jónico. Hacia el siglo XVII se extendió el uso de estos dos nuevos modos, que muy pronto evolucionaron y se convirtieron en el sistema de escalas mayores y menores que ha dominado la música occidental desde entonces. La principal diferencia es que, mientras que los modos estaban compuestos por notas fijas, los sistemas mayor y menor toman los intervalos de tonos y semitonos de los modos eólico y jónico y los aplican de forma que puedan empezar en cualquier nota.

EL MOMENTO ACTUAL

Desde entonces, la música escrita se ha refinado. Los principales cambios son la aparición de una gran variedad de términos y símbolos que indican cómo se debe tocar cada pieza. Estos símbolos pueden indicar aspectos tan diversos como cambios de movimiento o elementos dinámicos, por ejemplo, el volumen.

Con el desarrollo de la música se ha puesto al descubierto la naturaleza restrictiva de la notación tradicional. En algunos casos, los compositores de música clásica contemporánea han preferido desarrollar métodos completamente nuevos adaptados de forma expresa a su música. Sin embargo, el sistema tradicional sigue evolucionando y mantiene su preponderancia, especialmente en el mundo de la música clásica.

TABLATURA

∞∞∞∞

LA TABLATURA ES UN SISTEMA DE ESCRITURA MUSICAL CON UNA TRADICIÓN CASI TAN ANTIGUA COMO LA DE LA ESCRITURA DE NOTAS SOBRE EL PENTAGRAMA. SE USABA PARA DAR INSTRUCCIONES MÁS DETALLADAS A LOS INTÉRPRETES DE INSTRUMENTOS DE CUERDA CON TRASTES EN EL MÁSTIL, COMO LA GUITARRA Y EL LAÚD. LA TABLATURA, QUE AÚN HOY EN DÍA SE EMPLEA PARA LA GUITARRA, ES UNA REPRESENTACIÓN ESQUEMÁTICA DEL MÁSTIL DEL INSTRUMENTO, CON SEIS LÍNEAS HORIZONTALES QUE REPRESENTAN LAS CUERDAS. LOS NÚMEROS SITUADOS SOBRE LAS LÍNEAS INDICAN EL NÚMERO DE TRASTE QUE DEBE PRESIONARSE. LA TABLATURA SE PUEDE PRESENTAR DE FORMAS DIVERSAS. EL EJEMPLO A CONTINUACIÓN MUESTRA EL SISTEMA MÁS SIMPLE. UTILIZADA JUNTO A LA ESCRITURA TRADICIONAL, LA TABLATURA PUEDE SERVIR PARA AÑADIR ADORNOS, PROPORCIONANDO AL INTÉRPRETE INSTRUCCIONES RÍTMICAS Y DINÁMICAS ADICIONALES.

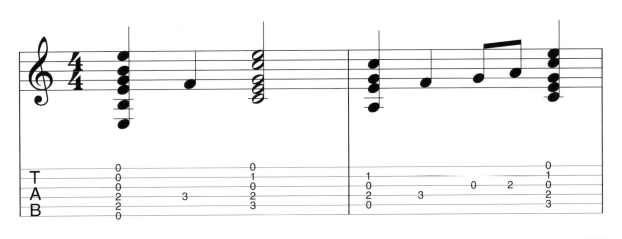

LECCIÓN I

Tonos y notas

Pensemos en una melodía que la mayoría de gente conozca, por ejemplo When the Saints Go Marching In. *Si cantamos el primer verso de la canción —«Oh, when the saints…»— notaremos que está compuesto de cuatro notas completamente diferentes. Al cantar la frase, el sonido de cada nota es más alto que el de la anterior. Esta diferencia es una variación del TONO.*

NOTAS AGUDAS Y GRAVES

Si interpreta *When the Saints Go Marching In* en el teclado de un piano, observará que cada nota que toque se encuentra a la derecha de la anterior. Cuando se avanza hacia la derecha en el teclado el tono es cada vez más AGUDO; en dirección contraria, el tono es más GRAVE. En un instrumento de cuerda, al mover la mano del mástil hacia el puente el tono se hace más agudo; al moverla hacia las clavijas, el tono se vuelve más grave.

Cada nota que oímos cuando alguien canta o toca un instrumento musical tiene su tono. Cada tecla del piano también tiene un tono propio. El tono de una nota se puede definir científicamente según la frecuencia de sus ondas sonoras. En música se dice que cada tono es un sonido fijo que se puede identificar usando una serie de sílabas (de Do a Si). ▶ 1 / 1

INTERVALOS DENTRO DE LA OCTAVA

Al doblar la frecuencia de una nota se aumenta el tono en una octava. Dentro de esa octava se pueden establecer doce divisiones idénticas, conocidas como SEMITONOS. Si tocamos cada una de estas divisiones, nos moveremos desde la nota inicial hasta la que culmina la octava en 12 pasos. Como mejor se puede observar es frente al teclado de un piano. Escuche la pista 1/2 del CD y podrá oír toda la gama de notas de una octava empezando desde el La. ▶ 1 / 2

OH, WHEN THE SAINTS...

CÓMO DISTINGUIR OCTAVAS

∞∞∞∞

COMPRUÉBELO USTED MISMO: EMPIECE POR TARAREAR UNA NOTA, MANTENIENDO EL TONO UNOS SEGUNDOS. LUEGO AUMENTE DE FORMA GRADUAL EL TONO SIN DEJAR DE TARAREAR. LLEGARÁ UN MOMENTO –LO NOTARÁ DE INMEDIATO– EN QUE DARÁ CON UNA NOTA QUE, DE MODO NATURAL, LE SONARÁ MUY PARECIDA A LA PRIMERA. AUNQUE EL TONO DE ESTA NOTA ES MÁS ALTO QUE EL DE LA INICIAL, AMBAS RECIBEN EL MISMO NOMBRE. EL TONO DE LAS DOS NOTAS QUE ACABA DE CANTAR ESTÁ SEPARADO POR UN INTERVALO FIJO DENOMINADO OCTAVA.

TEST 1

EL PRIMER EJERCICIO CONSTA DE
UNA SERIE DE PRUEBAS DE TONO. EN LAS OCHO
PISTAS SIGUIENTES DEL CD OIRÁ OCHO SERIES
DE NOTAS EN SECUENCIAS DE CUATRO. TRES DE
ELLAS TIENEN EL MISMO TONO, PERO UNA ES
DIFERENTE. SU TAREA CONSISTE EN IDENTIFICAR
LA DISTINTA DE CADA GRUPO (A, B, C O D).
ENCONTRARÁ LAS RESPUESTAS EN LA P. 120.

1. ▶ 1 / 3   2. ▶ 1 / 4

3. ▶ 1 / 5   4. ▶ 1 / 6

5. ▶ 1 / 7   6. ▶ 1 / 8

7. ▶ 1 / 9   8. ▶ 1 / 10

LOS NOMBRES DE LAS NOTAS

Todas las notas blancas de un teclado de piano estándar (de momento no nos vamos a fijar en las negras) tienen nombres de nota que en Europa van del Do al Si (Do, Re, Mi, Fa, Sol, La, Si). En la notación anglosajona se suelen usar letras que van de la A a la G, pero hay que tener en cuenta que la A corresponde al La europeo, de modo que la C es el Do y la serie acaba en la G, que es el Sol. Estas siete notas también se pueden escribir usando una renglonadura de cinco líneas horizontales conocida como PENTAGRAMA. Sobre el pentagrama se pueden colocar una serie de símbolos que indican el tono de la nota y su duración.

No obstante, tal como verá en el ejemplo siguiente, en el pentagrama sólo caben nueve tonos diferentes, y no hay más que echar un vistazo al piano para comprobar que existen muchos más. Este problema se soluciona colocando lo que se conoce como CLAVE al inicio del pentagrama. Hay diferentes tipos de clave aunque la más común es la de Sol, que se llama así porque el inicio del trazo, que suele partir de la segunda línea del pentagrama empezando por abajo, indica la posición de la nota Sol. Lo que, a su vez, significa que el resto de notas se distribuyen a partir de ésta empezando por esa línea.

El siguiente diagrama muestra una serie de notas sobre el teclado del piano y su equivalencia en el pentagrama con la clave de Sol. ▶ 1 / 11

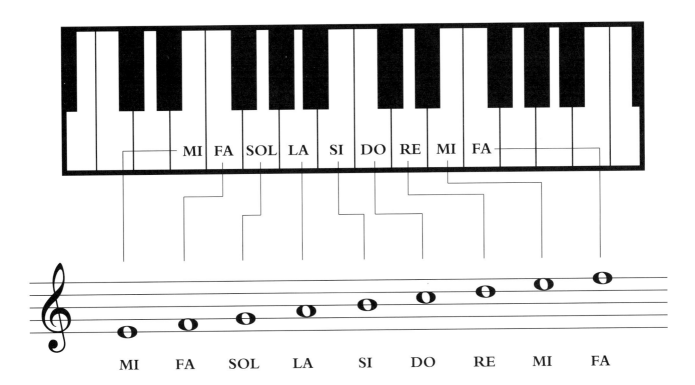

MI   FA   SOL   LA   SI   DO   RE   MI   FA

LÍNEAS ADICIONALES

El problema del pentagrama, tal como se observa en la página anterior, es que sólo da cabida a un rango de nueve tonos –desde el Mi de la línea inferior al Fa de la línea superior–. Este rango se puede ampliar con lo que se conoce como líneas adicionales. Sencillamente, se trata de añadir líneas por debajo o por encima del pentagrama cuando una nota se sale del mismo. En los dos pentagramas siguientes se observa cómo se amplía el pentagrama de este modo para que abarque más de dos octavas.

LÍNEAS ADICIONALES INFERIORES

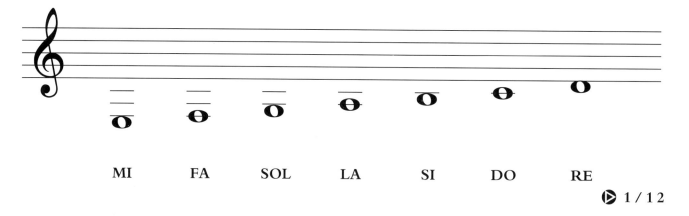

MI   FA   SOL   LA   SI   DO   RE

▶ 1 / 12

LÍNEAS ADICIONALES SUPERIORES

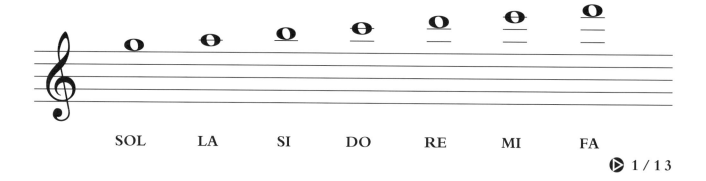

SOL   LA   SI   DO   RE   MI   FA

▶ 1 / 13

MEMORIZACIÓN DE LAS NOTAS

Cuando hablamos de las líneas o de los espacios que componen el pentagrama, siempre nos referimos a ellos empezando por abajo, de modo que la línea inferior se conoce como primera y la superior como quinta. Del mismo modo, el espacio que hay entre la primera y la segunda línea se conoce como primer espacio. En total hay cinco líneas y cuatro espacios.

Aprenderse el nombre de cada línea y cada espacio es muy importante si queremos aprender a leer a vista. Durante siglos se han usado distintas técnicas para conseguir que los estudiantes identifiquen las notas de forma automática. Uno de los sistemas más populares entre los principiantes es aplicar métodos nemotécnicos ideando frases o pensando palabras.

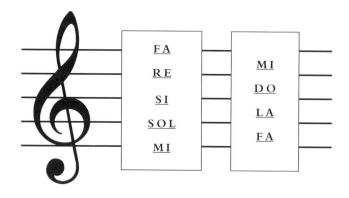

TEST 2

A CONTINUACIÓN PRESENTAMOS
CINCO PENTAGRAMAS. CADA UNO CONTIENE
OCHO NOTAS CON TONOS DIFERENTES.
EL EJERCICIO CONSISTE EN NOMBRAR
TODAS LAS NOTAS DE CADA PENTAGRAMA.

PARA QUE RESULTE MÁS DIFÍCIL, HEMOS COLOCADO
ALGUNAS NOTAS EN LÍNEAS ADICIONALES,
ES DECIR, FUERA DEL PENTAGRAMA BÁSICO.
PUEDE USAR ALGÚN MÉTODO NEMOTÉCNICO
PARA RECORDAR LOS NOMBRES DE LAS NOTAS.
CUANDO HAYA ACABADO EL TEST, PUEDE
COMPROBAR LAS RESPUESTAS EN LA P. 120.

EJERCICIO 1.

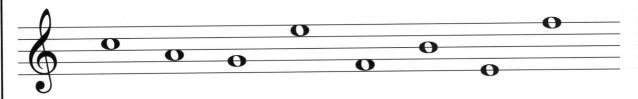

EJERCICIO 2.

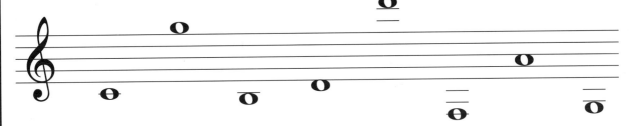

EJERCICIO 3.

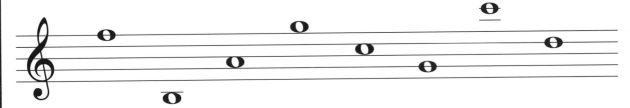

EJERCICIO 4.

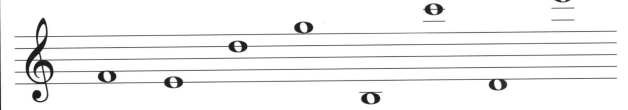

EJERCICIO 5.

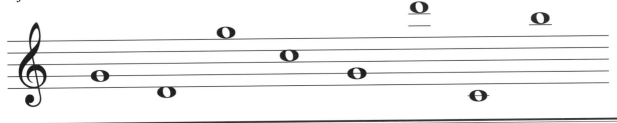

LA CLAVE DE FA

Hasta ahora, hemos visto un rango de poco más de tres oc-tavas —desde el Mi de la línea adicional más baja hasta el Sol de la línea adicional más alta—. Pero esto compone una gama de sólo 39 notas (si incluimos las notas negras): hoy en día, un piano de cola estándar tiene un registro de más de siete octavas. Así pues, ¿cómo podemos escribir todas las notas que nos faltan? La respuesta consiste en usar una cla-ve diferente, la CLAVE DE FA.

Al sustituir la clave de Sol por la clave de Fa, las notas de las líneas y de los espacios del pentagrama varían su nombre y su tono. El origen de la clave —la cuarta línea— marca el Fa, y el resto de notas se disponen en relación a ésta.

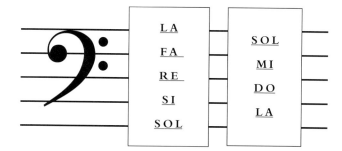

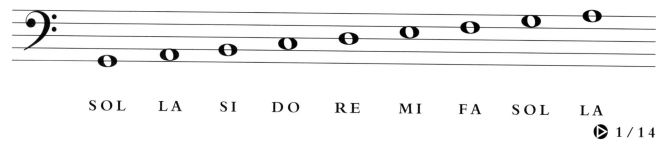

SOL   LA   SI   DO   RE   MI   FA   SOL   LA

▶ 1 / 14

AMPLIACIÓN DEL PENTAGRAMA EN CLAVE DE FA

Con la clave de Fa se pueden usar líneas adicionales para ampliar el pentagrama del mismo modo que con la clave de Sol. En este caso, van del Fa hacia abajo y del Si hacia arriba. En los ejemplos mostrados para ambas claves sólo se han incluido tres líneas adicionales por encima y por debajo del pentagrama, aunque de hecho se pueden escribir más. No obstante, en la práctica resulta más fácil cambiar de cla-ve para ampliar el registro.

LÍNEAS ADICIONALES INFERIORES

SOL   LA   SI   DO   RE   MI   FA

▶ 1 / 15

LÍNEAS ADICIONALES SUPERIORES

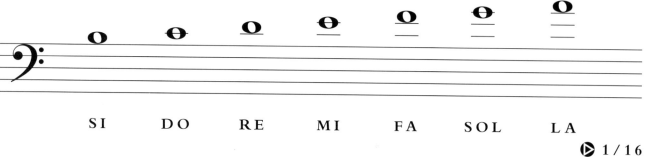

SI   DO   RE   MI   FA   SOL   LA

▶ 1 / 16

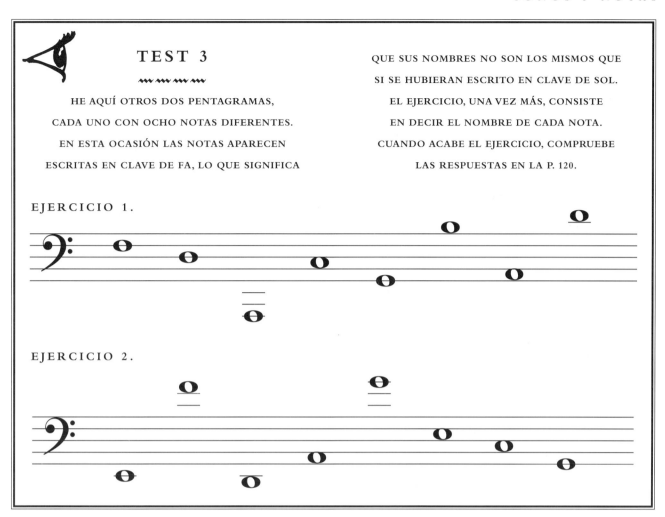

TEST 3

〜〜〜〜

HE AQUÍ OTROS DOS PENTAGRAMAS,
CADA UNO CON OCHO NOTAS DIFERENTES.
EN ESTA OCASIÓN LAS NOTAS APARECEN
ESCRITAS EN CLAVE DE FA, LO QUE SIGNIFICA

QUE SUS NOMBRES NO SON LOS MISMOS QUE
SI SE HUBIERAN ESCRITO EN CLAVE DE SOL.
EL EJERCICIO, UNA VEZ MÁS, CONSISTE
EN DECIR EL NOMBRE DE CADA NOTA.
CUANDO ACABE EL EJERCICIO, COMPRUEBE
LAS RESPUESTAS EN LA P. 120.

EJERCICIO 1.

EJERCICIO 2.

EL REGISTRO COMPLETO

Dado que el piano comprende un registro más amplio que la mayoría de los restantes instrumentos, la música compuesta específicamente para este instrumento casi siempre se escribe sobre dos pentagramas paralelos. La llave que aparece al principio indica que las notas de ambos pentagramas se deben tocar de forma simultánea. Como regla general, el pianista toca con la mano izquierda las notas escritas en el pentagrama inferior y con la derecha las del pentagrama superior, aunque no tiene por qué ser siempre así.

El ejemplo siguiente muestra una serie de nueve notas escritas en ambos pentagramas. Obsérvese que hay una zona de coincidencia en la que las notas se pueden escribir en los dos pentagramas. La distribución suele depender del contexto musical. La nota Do de este registro se suele denominar DO 3 o DO CENTRAL. ▶ 1 / 17

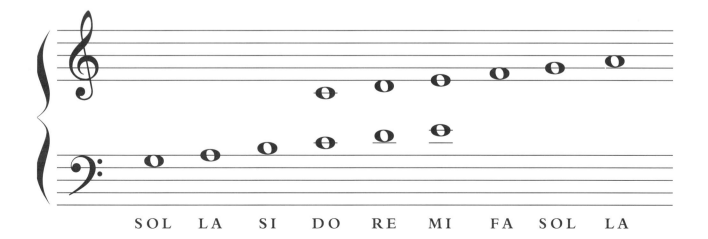

SOL   LA   SI   DO   RE   MI   FA   SOL   LA

SOSTENIDOS Y BEMOLES

Hasta ahora hemos estudiado el nombre de las notas blancas del teclado del piano. Ahora vamos a fijarnos en las notas negras.

Dado que ya hemos atribuido a las notas blancas una serie de nombres que van del Do al Si, parece razonable que las negras tomen su nombre del de las blancas entre las que se encuentran. Dependiendo de si la negra tiene un tono superior o inferior a la blanca de referencia, se usará el sufijo SOSTENIDO o BEMOL respectivamente. En la escritura musical el sostenido se indica con el símbolo «♯» y el bemol con «♭».

NOTAS CON DOS NOMBRES

Tal como puede observar en el diagrama de la parte inferior de la página, el hecho de que las notas negras tomen su nombre a partir de las blancas que las flanquean significa que, en la mayoría de casos, cada nota negra puede adoptar dos nombres. Puede ser el equivalente «sostenido» de la nota inmediatamente a su izquierda (por ejemplo, el Fa♯ se leería «Fa sostenido») o el «bemol» de la nota inmediatamente a la derecha (la misma nota podría ser un Sol♭, «Sol bemol»). Estas notas se denominan ENARMÓNICAS. Tal como veremos más adelante, y por ilógico que pueda parecer, estas notas no son intercambiables. Para ser absolutamente precisos, el nombre que usemos al nombrarlas dependerá completamente del contexto musical, pero no hay que preocuparse por ello de momento; quedará más claro según avancemos.

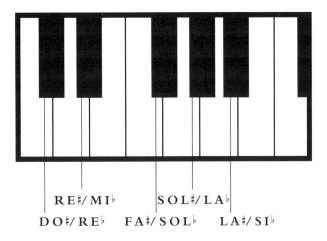

RE♯/MI♭   SOL♯/LA♭

DO♯/RE♭   FA♯/SOL♭   LA♯/SI♭

NOTAS BLANCAS ENARMÓNICAS

Seguramente el lector pensará que los nombres que reciben las notas blancas, del Do al Si, son inequívocos e invariables. Pero no siempre es así. Hay circunstancias en las que ciertas notas blancas pueden tomar características de enarmónicas.

En algunos contextos musicales se incluyen con las notas Si♯, Do♭ o Mi♯, y si se buscan en el teclado del piano puede parecer que NO existen. Sin embargo, por razones técnicas o teóricas, a veces es necesario seguir reglas armónicas que obligan a alterar hacia arriba o hacia abajo algunas notas. Si, por ejemplo, alteramos un Do hacia abajo —esto es, reducimos el tono de la nota en un semitono— se convierte en Do♭, aunque su tono sea idéntico al del Si natural. Del mismo modo, el Si♯ y el Mi♯ son posibles, aunque tengan un tono idéntico al Do natural y al Fa natural respectivamente.

REGLAS DE LA ENARMONÍA

∞∞∞∞

LOS SÍMBOLOS DE SOSTENIDO O DE BEMOL QUE APARECEN EN EL SIGUIENTE PENTAGRAMA PROVOCAN LA ALTERACIÓN DE LA NOTA QUE VIENE A CONTINUACIÓN EN UN SEMITONO. TODAS LAS NOTAS QUE LE SIGAN EN LA MISMA LÍNEA O EN EL MISMO ESPACIO DENTRO DE LA FRACCIÓN DE PENTAGRAMA FLANQUEADA POR BARRAS VERTICALES DE COMPÁS CONSERVAN LA ALTERACIÓN —SOSTENIDO O BEMOL— SIN NECESIDAD DE VOLVER A USAR EL SÍMBOLO. PARA DEVOLVER EL TONO NATURAL A UNA NOTA POSTERIOR DENTRO DE ESE MISMO COMPÁS SE HA DE PONER UN SÍMBOLO DE «BECUADRO» (♮).

DO♯   DO♯   DO♯   DO♯   DO   DO♯   DO   DO♯

ENARMÓNICOS EQUIVALENTES

En la lista siguiente se muestran todos los enarmónicos posibles junto al nombre de las notas que se pueden usar. Adviértase que en todos los enarmónicos las dos notas posibles ocupan una posición diferente del pentagrama. La razón que explica el uso de dos nombres diferentes para un mismo sonido quedará clara cuando se hayan adquirido más conocimientos sobre el funcionamiento de escalas, intervalos y acordes. Estos conceptos se tratan en la lección 3 y siguientes.

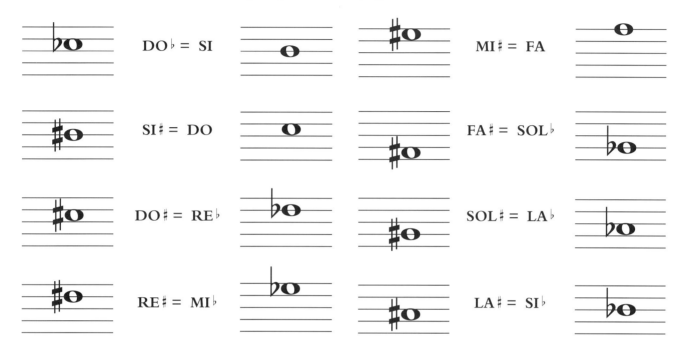

DO♭ = SI

SI♯ = DO

DO♯ = RE♭

RE♯ = MI♭

MI♯ = FA

FA♯ = SOL♭

SOL♯ = LA♭

LA♯ = SI♭

INTERVALOS DE TONO Y DE SEMITONO

En los dos pentagramas siguientes hemos incluido todos los enarmónicos de Do a Do. El pentagrama superior incluye todas las notas enarmónicas escritas en forma de sostenido, y el inferior, en forma de bemol. En ambos casos el tono de las notas (y, por tanto, de toda la secuencia) sonará idéntico.

La distancia tonal entre cada una de las notas es de un semitono. En la mayoría de sistemas musicales occidentales es el intervalo tonal más pequeño que se contempla, aunque algunos compositores del siglo XX han experimentado con divisiones menores conocidas como microtonos. Un intervalo de dos semitonos –por ejemplo entre las notas Fa y Sol– se denomina TONO. Escuche la diferencia entre las dos secuencias de la pista 1/18 de su CD. La primera reproduce los 13 intervalos de semitono entre un Do y el siguiente, una octava por encima. La segunda reproduce sólo las ocho notas blancas, separadas por intervalos de tono y de semitono.

▶ 1 / 18

| | DO♯/RE♭ | RE♯/MI♭ | | FA♯/SOL♭ | SOL♯/LA♭ | LA♯/SI♭ | | |
| DO | | RE | | MI | FA | | SOL | LA | | SI | DO |

TEST 4

ECHE UN VISTAZO A LOS CINCO PENTAGRAMAS
QUE HAY A CONTINUACIÓN. CADA UNO CONTIENE
OCHO NOTAS CON TONOS DIFERENTES, LA MAYORÍA
DE LAS CUALES SON SOSTENIDAS O BEMOLES.
EL EJERCICIO CONSISTE EN IDENTIFICAR EL NOMBRE

CORRECTO DE CADA NOTA.
PRESTE ESPECIAL ATENCIÓN A LOS «BECUADROS» –ES
BASTANTE FÁCIL CONFUNDIRLOS CON SOSTENIDOS–.
RECUERDE QUE SU FUNCIÓN ES LA DE DEVOLVER
UNA NOTA ALTERADA EN UN SEMITONO –CON UN
SOSTENIDO O CON UN BEMOL– A SU TONO ORIGINAL.
LAS RESPUESTAS ESTÁN EN LA P. 120.

EJERCICIO 1.

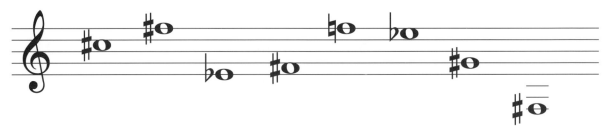

EJERCICIO 2.

EJERCICIO 3.

EJERCICIO 4.

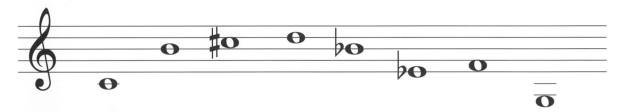

EJERCICIO 5.

TEST 5

〰 〰 〰 〰

EL SIGUIENTE EJERCICIO DE AUDICIÓN REQUIERE MUCHA CONCENTRACIÓN, ASÍ QUE VALE LA PENA REPASARLO VARIAS VECES ANTES DE RESPONDER. CADA UNO DE LOS PENTAGRAMAS REPRODUCIDOS MÁS ABAJO EQUIVALE A UNA PISTA DEL CD. EN CADA CASO, TRES DE LAS CUATRO NOTAS SON CORRECTAS Y UNA ES INCORRECTA. EL EJERCICIO CONSISTE EN IDENTIFICAR LA NOTA INCORRECTA. NO ES MALA IDEA EMPEZAR IDENTIFICANDO LAS NOTAS ESCRITAS Y LUEGO CANTÁNDOLAS O TOCÁNDOLAS HASTA FAMILIARIZARSE CON EL TONO. A CONTINUACIÓN PUEDE ESCUCHAR LA PISTA DEL CD CORRESPONDIENTE. SI CANTA LOS EJERCICIOS Y NO TIENE UNA REFERENCIA DE TONO, PUEDE USAR LA PRIMERA NOTA DE LA SECUENCIA GRABADA PARA ORIENTARSE. COMPRUEBE LAS RESPUESTAS EN LA P. 120.

EJERCICIO 1.   ▷ 1 / 1 9

EJERCICIO 2.   ▷ 1 / 2 0

EJERCICIO 3.   ▷ 1 / 2 1

EJERCICIO 4.   ▷ 1 / 2 2

EJERCICIO 5.   ▷ 1 / 2 3

EJERCICIO 6.   ▷ 1 / 2 4

RESUMEN DE LA LECCIÓN 1

∼∼∼∼

ÉSTOS SON LOS PRINCIPALES PUNTOS DE LA LECCIÓN. SI TIENE DUDAS SOBRE ALGUNO DE ELLOS, REVÍSELOS ANTES DE PASAR A LA LECCIÓN 2.

- QUÉ ES EL TONO
- QUÉ ES UNA OCTAVA
- LECTURA DEL PENTAGRAMA
- LECTURA DE LAS LÍNEAS ADICIONALES
- LOS NOMBRES DE LAS NOTAS EN CLAVE DE SOL

- LOS NOMBRES DE LAS NOTAS EN CLAVE DE FA
- SOSTENIDOS Y BEMOLES
- QUÉ ES UN EQUIVALENTE ENARMÓNICO
- QUÉ ES UN BECUADRO
- DIFERENCIA ENTRE TONO Y SEMITONO

LECCIÓN 2

El ritmo y los valores

Ahora ya puede identificar los nombres de las notas escritas en un pentagrama, aunque es probable que todavía no lo haga de forma inmediata. No obstante, a pesar de que ello le indica el tono de la nota que debe cantar o tocar, no le informa de CUÁNDO ha de tocarla, o CUÁNTO TIEMPO tiene que mantenerla. Para eso necesita interpretar los valores de las notas.

DISTINGUIR EL RITMO

Si escucha cualquier pieza musical oirá una estructura de tiempos. Es el ritmo de la música. Si da palmadas al ritmo de la música, se encontrará con que sigue, de forma natural, un ritmo constante o compás. Independientemente del MOVIMIENTO de la música –la velocidad a la que se interpreta–, el intervalo de tiempo entre cada palmada será el mismo en todos los casos.

El tipo de compás que oirá con más frecuencia es el compuesto por cuatro NEGRAS. Observe que puede seguir el ritmo de la mayoría de estilos musicales repitiendo los números del uno al cuatro. Al hacerlo, advertirá que la música da mayor intensidad al primer tiempo de forma natural. En la música escrita, este agrupamiento de tiempos, limitado entre barras, se denomina COMPÁS.

El mismo principio se puede aplicar a los valores de las notas cantadas o tocadas en un instrumento. Una NEGRA se escribe mediante un círculo negro y una raya vertical o palo. Dependiendo de la posición de la nota en el pentagrama, la raya puede estar orientada hacia arriba o hacia abajo. Por convención, si las notas están en la tercera línea o más arriba, la raya está orientada hacia abajo; por debajo de esa posición, la raya apunta hacia arriba.

NEGRA

El fragmento musical que aparece al pie de la página está compuesto por dos compases. Los dos números que siguen a la clave de Sol al principio del párrafo representan lo que se denomina el QUEBRADO DE COMPÁS o, simplemente, COMPÁS. El quebrado compuesto por un cuatro sobre otro cuatro indica que el compás es de CUATRO POR CUATRO, y el cuatro superior indica que tiene cuatro tiempos. Este compás es, con mucho, el más usado –tanto, que también es llamado COMPÁS COMPLETO–. Escuche la pista 2/1 del CD, en la que oirá las notas acompañadas de un chasquido rítmico.

El significado del número inferior del quebrado se explicará más extensamente en la lección 4.

EL VALOR DE LAS NOTAS

Todos los ejemplos que ha visto escritos hasta ahora incluían notas del mismo valor o duración. Si canta cualquier melodía que le resulte familiar, observará que algunas notas tienen una duración mayor que otras. Al igual que otros muchos elementos de la música, la forma de expresar las duraciones de las notas en la escritura musical sigue principios matemáticos. Así, el filósofo Gottfried Wilhelm Leibniz (1646-1716) describió la música como «aritmética del subconsciente».

MÚLTIPLOS Y DIVISORES

Se puede establecer el valor de cada nota en relación con el de la redonda. La redonda se divide en cuatro negras –el valor de los compases de la gran mayoría de la música occidental–. De un modo u otro, todas las notas se pueden considerar múltiplos o divisiones de una negra. Esta es una noción importante para entender la música escrita. Las descripciones de las subdivisiones que vamos a hacer a continuación se encuadran en un compás de cuatro por cuatro, así que cada tiempo del compás es una negra.

REDONDAS

El máximo valor de nota que solemos encontrar en música es una REDONDA, que dura cuatro tiempos de negra. Lo que significa que dura el mismo tiempo que cuatro negras. También existe la CUADRADA, que dura el doble que la redonda, pero es un valor arcaico, de poca aplicación en la música actual. Una redonda, tal como sugiere su nombre, se representa con un círculo hueco y sin palo.

REDONDA

El primer pentagrama al pie de la página contiene una sola redonda. Si escucha la pista 2/2 del CD, advertirá que la nota se mantiene durante cuatro tiempos, marcados por el chasquido. Cuente los chasquidos tal como se muestra bajo el pentagrama.

BLANCA

La nota que dura dos tiempos de negra se denomina BLANCA. Se representa con un círculo hueco con un palo.

BLANCA

El pentagrama inferior de la página contiene dos blancas. Si escucha la pista 2/3 del CD oirá que cada blanca dura dos tiempos. También en este caso, puede escuchar cuatro compases del mismo ejemplo en el CD.

COMPÁS DE REDONDA (CUATRO TIEMPOS)

UN   DOS   TRES   CUATRO

2 / 2

COMPÁS DE BLANCAS (DOS TIEMPOS)

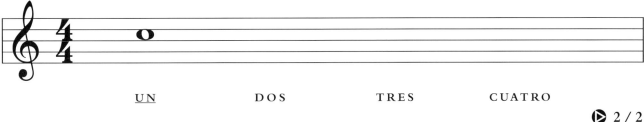

UN   DOS   TRES   CUATRO

2 / 3

CORCHEAS Y VALORES INFERIORES

Las notas con un valor equivalente a la mitad de una negra se denominan CORCHEAS, que a su vez pueden subdividirse. La primera subdivisión es la SEMICORCHEA, que se divide en dos FUSAS y cada fusa en dos SEMIFUSAS.

Una vez más, las descripciones siguientes se encuadran en un compás de cuatro por cuatro, de forma que cada tiempo vale una negra.

CORCHEA

Una corchea vale la mitad de una negra, es decir, tiene una duración equivalente a la mitad de una negra. Se representa en la partitura mediante una negra con un CORCHETE.

CORCHEA

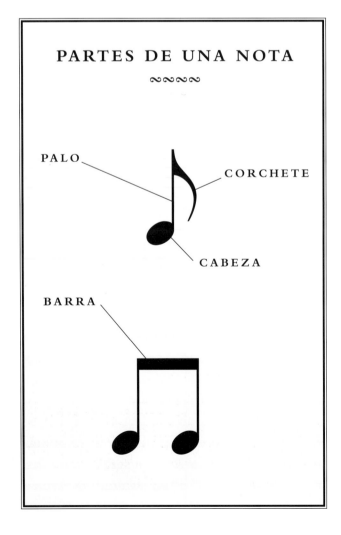

PARTES DE UNA NOTA
∼∼∼∼∼

PALO

CORCHETE

CABEZA

BARRA

Para facilitar la lectura de la partitura, los grupos de dos o más corcheas se pueden unir con una BARRA.

Una barra es una línea horizontal que une los extremos de dos o más palos. Se puede aplicar cualquiera que sea la dirección del palo.

SEMICORCHEAS

La nota que dura una cuarta parte de una negra se denomina semicorchea. Se puede identificar por el doble corchete al final del palo.

SEMICORCHEAS

SEMICORCHEA

Al igual que en el caso de las corcheas, tal como se ha ilustrado anteriormente, las semicorcheas también se pueden unir con barras. Los grupos de semicorcheas llevan una doble barra que une el extremo de los palos.

VALORES MENORES

Una semicorchea se puede dividir de nuevo, con lo que se obtienen dos fusas —que duran un octavo de negra—. En casos relativamente raros se emplean subdivisiones de la fusa, conocidas como semifusas, que valen un dieciseisavo de negra.

FUSA   SEMIFUSA

CONTAR CORCHEAS

Cada uno de los cuatro pentagramas mostrados a continuación contiene un solo compás. El primero comprende cuatro negras, cada una de las cuales tiene una duración de un tiempo. Este compás nos servirá como modelo para comparar los siguientes (ya debería resultarle familiar contar los cuatro tiempos del compás completo).

El segundo ejemplo contiene ocho corcheas –o medios tiempos–. Un modo fácil de contar corcheas consiste en introducir la conjunción «Y» entre cada uno de los números de tiempo. Si escucha las pistas 2/4 y 2/5 del CD, advertirá que la velocidad de los tiempos de ambos compases es idéntica, pero en el segundo ejemplo hay cuatro notas más que en el primero.

SEMICORCHEAS Y MENORES

Los valores menores que la corchea pueden resultar difíciles de seguir. A un ritmo lento se pueden partir las palabras, contando U - NO - Y - Y - DO - OS - Y - Y - TRE - ES - Y - Y - CUA - TRO - Y - Y. A mayor velocidad, o en el caso de las fusas, no podrá seguir la cuenta tan rápido. Una opción es multiplicar los números, dividiendo un compás de cuatro por cuatro en ocho o dieciséis divisiones.

NEGRAS (UN TIEMPO)

UN   DOS   TRES   CUATRO

2 / 4

CORCHEAS (MEDIO TIEMPO)

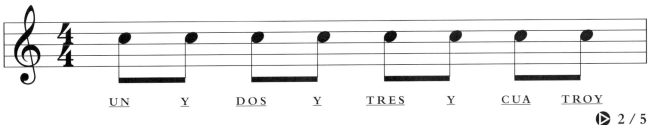

UN   Y   DOS   Y   TRES   Y   CUA   TROY

2 / 5

SEMICORCHEAS (UN CUARTO DE TIEMPO)

UN   Y   DOS   Y   TRES   Y   CUA   TROY

2 / 6

FUSAS (UN OCTAVO DE TIEMPO)

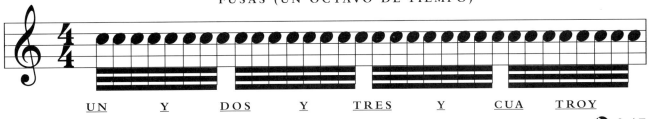

UN   Y   DOS   Y   TRES   Y   CUA   TROY

2 / 7

COMBINACIÓN DE VALORES

Tal como hemos visto, en cualquier partitura las notas se agrupan entre barras según el compás –los números que aparecen en el pentagrama al inicio de la partitura–. Hasta ahora todos los fragmentos que hemos estudiado estaban escritos en cuatro por cuatro, lo que significa que el valor de las notas de un compás ha de sumar cuatro tiempos: un compás de cuatro negras «vale» cuatro tiempos, igual que un compás de ocho corcheas, dieciséis semicorcheas, dos blancas o una redonda. Toda la música, independientemente de su estilo, adquiere ritmo según el agrupamiento o la acentuación de las notas en el interior de un compás. Para conseguir este efecto, hay que combinar las notas de diferentes valores en el interior de cada compás.

Pruebe con el siguiente ejemplo. Observe los dos pentagramas siguientes. Primero cuente los valores de cada tiempo tal como se muestra bajo cada nota. Recuerde que una negra vale un tiempo, una blanca dos tiempos y una redonda cuatro tiempos. Cuando ya domine esos valores,

dé golpes o palmadas siguiendo el ritmo según los valores de las notas. Eso significa marcar SÓLO el primer tiempo de cada nota. Así, la secuencia será TAP - TAP - TAP - SILENCIO - TAP - TAP - TAP - SILENCIO - TAP - TAP - TAP - TAP - TAP - SILENCIO - SILENCIO - SILENCIO. (En la práctica, por supuesto, cada silencio representa la continuación de la nota anterior. Este ejercicio sólo ilustra la creación del ritmo). Ahora combinemos las dos técnicas, marcar el ritmo y contar en voz alta los valores de las notas a la vez.

Observe que, independientemente del valor de cada nota, el valor combinado de cada compás es siempre de cuatro. Los primeros dos compases contienen dos negras y una blanca (1+1+2 tiempos = 4 tiempos). El tercer compás contiene cuatro negras (1+1+1+1 tiempos = 4 tiempos). El cuarto compás contiene una redonda (4 tiempos = 4 tiempos). La regla SIEMPRE es aplicable a cualquier pieza musical escrita en un compás de cuatro por cuatro.   ▶ 2 / 8

COMBINACIÓN DE CORCHEAS

En el siguiente ejemplo se incluyen corcheas. Son más difíciles de contar, porque valen la mitad de una negra, de modo que hay que contar dos corcheas en cada tiempo.

Siga el mismo procedimiento que antes, contando primero los tiempos tal como se indica bajo el pentagrama y marcando luego el ritmo de los valores de las notas.   ▶ 2 / 9

TEST 6

SIGUIENDO CON LAS ACTIVIDADES DE CREACIÓN DE RITMO CON LOS VALORES, PRESENTAMOS CINCO EJERCICIOS DE DOS COMPASES CADA UNO PARA QUE SE FAMILIARICE. EN CADA CASO TIENE QUE NOMBRAR EL VALOR DE LA NOTA Y MARCAR EL RITMO CORRECTAMENTE. AL IGUAL QUE EN LOS EJERCICIOS ANTERIORES NO DEBE PREOCUPARSE POR EL TONO DE LA NOTA, SINO SÓLO POR SU VALOR. PRESTE ESPECIAL ATENCIÓN AL EJERCICIO 5, QUE CONTIENE SEMICORCHEAS. RECUERDE QUE UNA NEGRA EQUIVALE A OCHO SEMICORCHEAS. PUEDE ESCUCHAR LAS SOLUCIONES EN EL CD.

EJERCICIO 1. ▷ 2 / 10

EJERCICIO 2. ▷ 2 / 11

EJERCICIO 3. ▷ 2 / 12

EJERCICIO 4. ▷ 2 / 13

EJERCICIO 5. ▷ 2 / 14

OTROS VALORES

Puede considerar los valores básicos explicados en las seis páginas anteriores como los elementos principales de la teoría musical. No obstante, sólo constituyen los fundamentos más elementales. En realidad, para poder leer y tocar todos los ritmos posibles se requiere una flexibilidad mucho mayor que la que se puede conseguir únicamente multiplicando o dividiendo por dos los valores de las notas. ¿Qué haría, por ejemplo, si quisiera tocar una nota que durara TRES tiempos? Usando los valores que conoce hasta ahora no sería posible. Asimismo, ¿qué haría si quisiera alargar una nota más allá de la divisoria? ¿O hacer un silencio en un momento determinado? Todos estos aspectos primordiales se pueden cubrir usando PUNTILLOS, LIGADURAS y PAUSAS.

PUNTILLOS Y LIGADURAS

Cualquier tipo de nota puede llevar a continuación un punto, que aumenta en la mitad su valor. Por ejemplo, una blanca seguida de un punto –que llamaremos BLANCA CON PUNTILLO– vale tres negras.

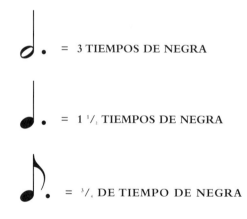

Exactamente lo mismo se puede conseguir con una línea curva conocida como LIGADURA. La ligadura se puede usar para unir notas de diferentes valores, creando una nota cuyo valor es la suma de ambas notas. Por ejemplo, una blanca ligada a una negra también tiene el valor de tres tiempos de negra (2 + 1 tiempos = 3 tiempos).

= 3 TIEMPOS DE NEGRA

Ambas opciones son posibles en la música escrita, y se pueden usar indistintamente. No obstante, una diferencia esencial es que las ligaduras se emplean para mantener las notas de un compás a otro. En el primer pentagrama al pie de la página, la cuarta negra del primer compás está ligada a la blanca que empieza el segundo compás. Así se consigue que la negra tenga un valor de tres tiempos, y la blanca en realidad no se toca. Ésta es una cuestión crucial que hay que recordar: la segunda nota de una ligadura NUNCA se toca, en ninguna circunstancia; sólo hay que añadir su valor al de la primera nota de la ligadura.

Las ligaduras siempre unen las notas por la cabeza. Si los palos apuntan hacia abajo, la ligadura se coloca sobre la nota; si el palo apunta hacia arriba, la ligadura se sitúa por debajo de la nota.

Escuche el efecto que tienen los puntillos y ligaduras en la pista 2/15 del CD. En el segundo ejemplo, observará que no hay diferencia entre la blanca con puntillo y la negra ligada a la blanca: ambas notas duran tres tiempos.

▶ 2 / 15

USO DE LAS PAUSAS

Puede que al comienzo parezca extraño, pero uno de los elementos importantes de cualquier tipo de música es el silencio. Sin el silencio, toda música sería un sonido continuo. En la escritura musical hay normas específicas para indicar los períodos de silencio –conocidos como SILENCIOS o PAUSAS–. Cada uno de los tipos de nota que ya hemos estudiado tiene su pausa equivalente. Las pausas más comunes son las que aparecen en el recuadro de la derecha. Conviene observar especialmente la diferencia entre la pausa de redonda y la de blanca, puesto que suelen producir confusiones entre los principiantes: la pausa de redonda siempre CUELGA de la cuarta línea; la de blanca siempre se APOYA en la tercera línea.

¿CON PAUSA O SIN PAUSA?

En la práctica, un silencio puede resultar difícil de percibir, especialmente si tiene un valor inferior al de una corchea, situación en la que la diferencia entre la pausa y el silencio natural que se produce al pasar de una nota a otra cuesta de distinguir.

Con el fin de percibir el efecto de una pausa de negra, escuche los dos ejemplos que mostramos a continuación. La diferencia entre uno y otro radica en que en el segundo pentagrama se han sustituido las blancas por una negra y una pausa de negra. De este modo, en el primer compás del segundo pentagrama la tercera nota dura sólo un tiempo en vez de dos –resulta evidente, si hemos sustituido una blanca por una negra–. No obstante, en el cuarto tiempo no suena NADA. Lo mismo ocurre en el segundo tiempo del segundo compás: también es de silencio. ▶ 2 / 16

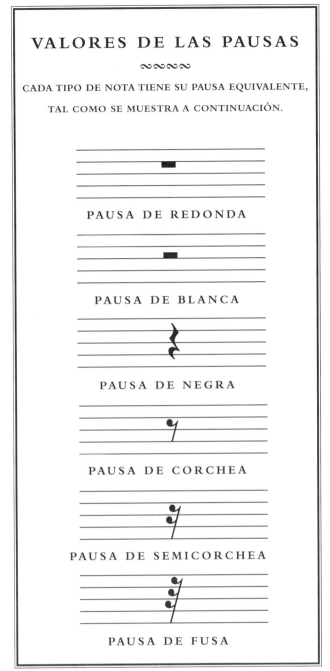

VALORES DE LAS PAUSAS

CADA TIPO DE NOTA TIENE SU PAUSA EQUIVALENTE, TAL COMO SE MUESTRA A CONTINUACIÓN.

PAUSA DE REDONDA

PAUSA DE BLANCA

PAUSA DE NEGRA

PAUSA DE CORCHEA

PAUSA DE SEMICORCHEA

PAUSA DE FUSA

UN   UN   UN   DOS   UN   DOS   UN   Y   UN

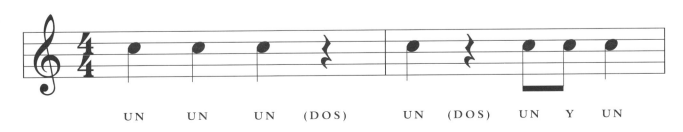

UN   UN   UN   (DOS)   UN   (DOS)   UN   Y   UN

USO PRÁCTICO DE OTRAS PAUSAS

El primer compás del pentagrama siguiente contiene una pausa de blanca –que dura dos tiempos de negra–. Así, si contamos el ritmo del silencio, debería sonar así: UN - SILENCIO - SILENCIO - <u>UN</u>.

    El segundo compás empieza con un grupo de tres corcheas con barra seguidas de una pausa de corchea y una blanca. Por tanto: <u>UN</u> - Y - <u>DOS</u> - («Y» MUDO) - <u>UN</u> - Y - DOS - Y.

LAS PAUSAS DE UN COMPÁS
∾∾∾∾

CUANDO SUMAMOS LOS VALORES DE UN COMPÁS, LAS PAUSAS TIENEN EL MISMO VALOR QUE LA NOTA QUE SUSTITUYEN. POR EJEMPLO, UN COMPÁS COMPUESTO POR UNA BLANCA, UNA NEGRA Y UNA PAUSA DE NEGRA SUMA CUATRO TIEMPOS.

UN   (UN) (DOS) UN   UN   Y   UN   (Y) UN   DOS

▶ 2 / 17

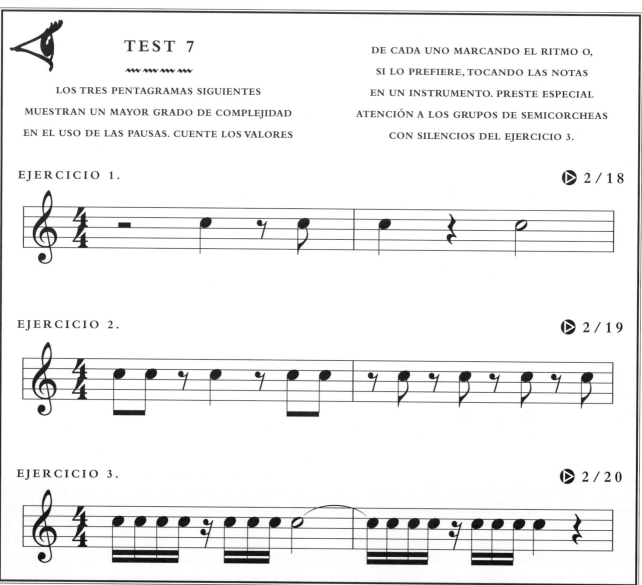

TEST 7
〰〰〰〰

LOS TRES PENTAGRAMAS SIGUIENTES MUESTRAN UN MAYOR GRADO DE COMPLEJIDAD EN EL USO DE LAS PAUSAS. CUENTE LOS VALORES DE CADA UNO MARCANDO EL RITMO O, SI LO PREFIERE, TOCANDO LAS NOTAS EN UN INSTRUMENTO. PRESTE ESPECIAL ATENCIÓN A LOS GRUPOS DE SEMICORCHEAS CON SILENCIOS DEL EJERCICIO 3.

EJERCICIO 1.   ▶ 2 / 18

EJERCICIO 2.   ▶ 2 / 19

EJERCICIO 3.   ▶ 2 / 20

COMBINACIÓN DE TONOS Y VALORES

En todos los ejemplos que hemos visto hasta el momento en esta lección, hemos dejado de lado de forma deliberada la cuestión del tono para concentrarnos exclusivamente en el ritmo. Ahora debemos familiarizarnos de nuevo con los nombres de las notas que aprendimos en la primera lección. Así tendremos la ocasión de leer nuestra primera partitura «real».

En esta página se reproduce la partitura de una canción infantil estadounidense *This Old Man*. Empiece por escribir el nombre de cada nota. Hágalo sobre el mismo libro, en lápiz, por si comete algún error. En segundo lugar, escriba el valor de todas las notas y luego marque el ritmo de toda la melodía con la mano o dando palmadas.

Seguidamente, puede cantar o tocar la pieza desde el principio. Para facilitar la tarea, hemos transcrito la canción de forma que se pueda tocar sólo con las notas blancas del piano; por lo tanto no tiene que preocuparse por las notas enarmónicas.

▶ 2 / 21

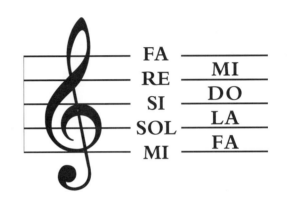

LAS NOTAS EN CLAVE DE SOL

∿∿∿∿

SI AÚN NO RECUERDA BIEN EL NOMBRE DE LAS NOTAS EN CLAVE DE SOL, EL SIGUIENTE ESQUEMA LE AYUDARÁ CON EL EJEMPLO DE ABAJO. SIN EMBARGO, INTENTE HACER LOS TESTS DE LAS PÁGINAS SIGUIENTES SIN CONSULTARLA.

TEST 8

〰〰 〰〰 〰〰

HAGA LOS CINCO EJERCICIOS SIGUIENTES DEL MISMO MODO QUE EN EL EJEMPLO ANTERIOR. SI DECIDE CANTAR, SE PUEDE ENCONTRAR CON UN PROBLEMA DE FALTA DE REFERENCIA TONAL PARA EMPEZAR. UNA DE LAS CLAVES PARA LEER A VISTA ES DISTINGUIR LOS TONOS TOMANDO OTROS COMO REFERENCIA. SI CANTA EL PRIMER EJEMPLO, AUNQUE EMPIECE EN EL DO 3, SU REFERENCIA PUEDE SER CUALQUIER NOTA. LO ÚNICO QUE HA DE TENER EN CUENTA ES QUE LA SEGUNDA NOTA –EL FA– ESTÁ TRES NOTAS POR ENCIMA Y CONTAR HASTA ALCANZAR ESA NOTA. CON EL TIEMPO HARÁ ESTOS INTERVALOS DE FORMA INSTINTIVA. ESCRIBA PRIMERO EL NOMBRE DE LAS NOTAS.

EJERCICIO 1. ▶ 2 / 22

EJERCICIO 2. ▶ 2 / 23

EJERCICIO 3. ▶ 2 / 24

EJERCICIO 4. ▶ 2 / 25

EJERCICIO 5. ▶ 2 / 26

TEST 9

ESTE EJERCICIO DE AUDICIÓN REQUIERE MAYOR CONCENTRACIÓN. LA PISTA 2/27 DEL CD CONTIENE UN COMPÁS DE MÚSICA REPETIDO CUATRO VECES. A CONTINUACIÓN PRESENTAMOS CUATRO COMPASES, TODOS LIGERAMENTE DIFERENTES. EL EJERCICIO CONSISTE EN DISTINGUIR CUÁL DE LOS CUATRO COMPASES COINCIDE CON LA MÚSICA DEL CD. LO MEJOR ES FIJARSE PRIMERO EN CADA UNO DE LOS EJEMPLOS Y DESPUÉS ESCUCHAR LA PISTA DEL CD PARA SABER CUÁL ES EL CORRECTO.

PENTAGRAMA A.   PENTAGRAMA B.   ▶ 2/27

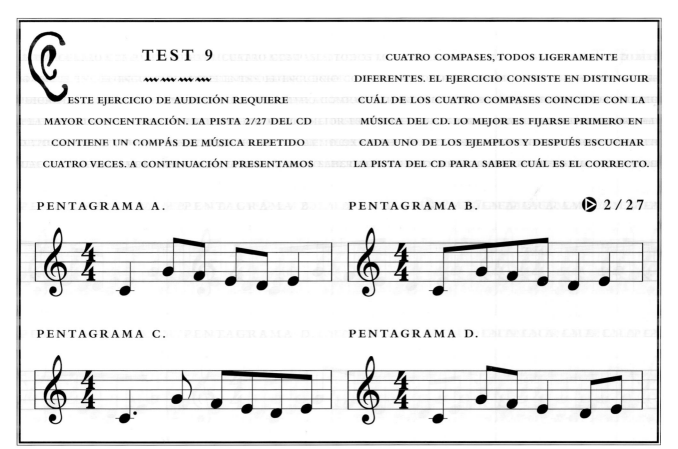

PENTAGRAMA C.   PENTAGRAMA D.

TEST 10

OBSERVE LOS DOS COMPASES SIGUIENTES: HAY UN ERROR EN CADA UNO. INTENTE IDENTIFICAR LOS ERRORES Y PIENSE EN ALGÚN MODO DE CORREGIRLOS. RECUERDE QUE CONVIENE TENER EN CUENTA EL COMPÁS DE LA PIEZA.

RESUMEN DE LA LECCIÓN 2

ÉSTOS SON LOS PRINCIPALES PUNTOS DE LA LECCIÓN. SI EXISTE ALGUNO SOBRE EL QUE TENGA DUDAS, DEBE REVISAR LAS ÚLTIMAS 12 PÁGINAS ANTES DE PASAR A LA LECCIÓN 3.

- TIEMPOS DE NEGRA Y COMPÁS CUATRO POR CUATRO
- LA REDONDA Y LA BLANCA
- LAS CORCHEAS Y SUS SUBDIVISIONES
- LAS PARTES GRÁFICAS DE LA NOTA
- EFECTO DEL PUNTILLO

- REGLAS DE LAS LIGADURAS
- PAUSAS Y SU VALOR
- CÁLCULO DE LOS VALORES DE UN COMPÁS
- CAPACIDAD PARA LEER A LA VISTA EJEMPLOS CON TONOS Y VALORES SENCILLOS

LECCIÓN 3

Escalas y armaduras

Una escala es una secuencia de notas relacionadas. Hay muchos tipos de escala, pero lo que las hace únicas es el patrón de intervalos que sigue cada una desde la nota inicial –denominada TÓNICA– hasta la misma nota tocada una octava más alta. Cada escala tiene un tono propio, el de la nota inicial, y una armadura, que es la representación gráfica de las alteraciones que la distinguen de las demás.

LA ESCALA MAYOR

El tipo de escala más usado es la escala MAYOR. Es la que oirá si toca las notas blancas de un piano de Do a Do. La secuencia de notas puede ser ascendente o descendente –empezando desde la nota más baja o desde la más alta, respectivamente–. Las notas de la escala, de la más baja a la más alta, se conocen como grados, y suelen escribirse en números romanos. Al pie de la página aparece la escala de Do mayor, con los nombres de las notas y los grados de la escala. El último grado, con el que se vuelve al lugar de partida de la escala, se puede denominar VIII o I.

Una pieza musical en la que se empleen las notas de una escala de Do mayor se dice que está en TONO DE DO MAYOR.

Los intervalos que hay entre cada nota de la escala mayor están compuestos por tonos y semitonos. Tal como ya hemos explicado, un semitono es el intervalo existente entre dos notas adyacentes; por lo tanto, la distancia entre las notas Si y Do es un semitono. No obstante, si observamos

el teclado de un piano, advertiremos que la distancia entre determinadas notas blancas adyacentes es de dos semitonos. Por ejemplo, el Do y el Re están separados por la nota negra Do♯/Re♭. Con el objetivo de refrescar la memoria, recordemos que un intervalo de dos semitonos es un tono.

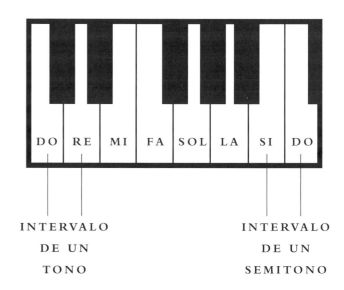

INTERVALO DE UN TONO

INTERVALO DE UN SEMITONO

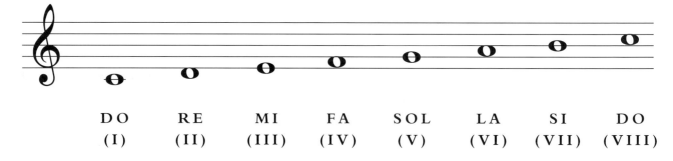

| DO (I) | RE (II) | MI (III) | FA (IV) | SOL (V) | LA (VI) | SI (VII) | DO (VIII) |

INTERVALOS DE LA ESCALA MAYOR

A continuación se reproduce el patrón de intervalos entre las notas que componen la escala de Do mayor. Los intervalos que separan los ocho grados son de TONO - TONO - SEMITONO -TONO - TONO - TONO - SEMITONO respectivamente. Este conjunto de intervalos es el que define una escala mayor. Cualquier escala que NO siga con exactitud estos intervalos no puede denominarse escala mayor.

Si escuchamos una escala de Do mayor en cualquier instrumento musical, enseguida nos resultará familiar. ▶ 3 / 1

¿TONOS O «PASOS»?

∞∞∞

EN ALGUNOS LIBROS DE MÚSICA TRADUCIDOS DEL INGLÉS –ESPECIALMENTE SI SE HAN TRADUCIDO EN AMÉRICA LATINA– PODEMOS ENCONTRAR, AL HABLAR SOBRE INTERVALOS, LOS TÉRMINOS «PASO» Y «SEMIPASO» O «MEDIO PASO». EN EUROPA, EN CAMBIO, SE PREFIERE LA TERMINOLOGÍA DE TONOS Y SEMITONOS.

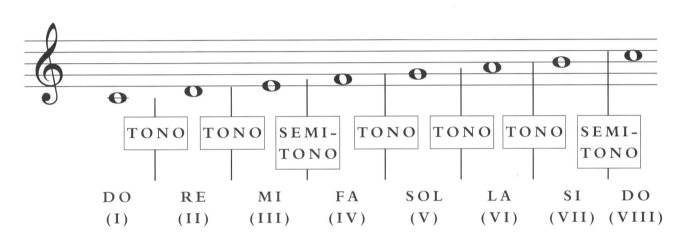

LA ESCALA DE SOL MAYOR

Se pueden crear escalas mayores a partir de cada una de las doce notas diferentes de una octava. Por ejemplo, si trasladamos la tónica a la nota Sol, podemos emplear la misma sucesión de tonos y semitonos para crear la escala de Sol mayor. En este caso, veremos sobre el pentagrama que el intervalo entre los grados VI y VII obliga a usar una nota negra del piano para que la escala sea correcta, por lo que utilizamos la nota Fa♯. Si tocáramos un Fa natural, el intervalo entre los grados VI y VII sería de un semitono y asimismo alteraríamos el intervalo entre los grados VII y VIII, por lo que la escala sería incorrecta.

Aunque un Fa♯ tiene el mismo tono que un Sol♭, en el contexto de la escala de Sol este enarmónico se DEBE denominar Fa♯, para que aparezca una nota diferente en cada línea o espacio de la secuencia. Estudiaremos la importancia de este punto al tratar la cuestión de las armaduras. ▶ 3 / 2

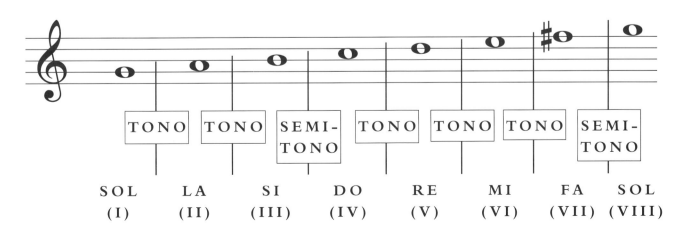

LA ESCALA DE FA MAYOR

Usando los mismos intervalos de la escala mayor, la escala que empieza en el Fa precisa que el Si sea bemol (Si♭).

También en este caso colocar un La♯ en su lugar sería un error, aunque el tono de ambas notas sea el mismo.

▶ 3 / 3

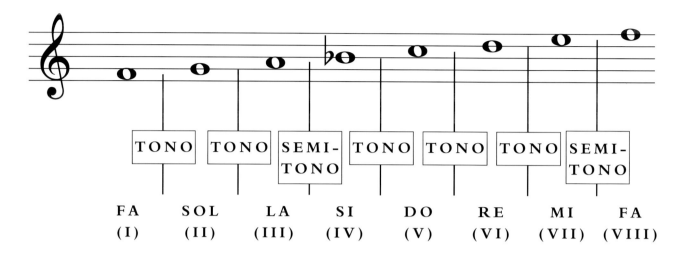

| TONO | TONO | SEMI-TONO | TONO | TONO | TONO | SEMI-TONO |

FA (I)   SOL (II)   LA (III)   SI (IV)   DO (V)   RE (VI)   MI (VII)   FA (VIII)

ARMADURAS

Acabamos de ver las escalas mayores de Do, Sol y Fa. En cada caso, la tónica indicaba el tono o TONALIDAD propios de la escala. En la práctica eso NO significa que una pieza escrita en ese tono sólo pueda usar las notas de esa escala, sino que, a menos que se indique lo contrario, las notas conservarán las alteraciones propias de la escala. Esto resulta muy fácil en Do mayor, puesto que no se requieren sostenidos o bemoles. No obstante, el tono de Sol mayor obliga a incorporar un sostenido.

Dado que el séptimo grado de la escala de Sol mayor es Fa♯, podemos creer que una pieza escrita en Sol mayor está profusamente salpicada de símbolos de sostenido delante de la mayoría de notas Fa. Sin embargo, que la pieza esté escrita en Sol mayor ya implica que las notas Fa sean Fa♯, por lo que no hace falta escribir el sostenido cada vez, sino que basta con definirlo colocando el símbolo al principio del pentagrama. Esta indicación se conoce como ARMADURA. Cuando el estudiante se familiarice con la armadura, se acostumbrará al hecho de que cualquier partitura con un sostenido tras la clave inicial está en tono de Sol mayor (en la lección 5 veremos que también puede ser Mi menor, pero

dejemos eso de momento) y a tocar las notas Fa que encuentre como Fa♯. Esta es la razón por la que esta nota de la escala debe ser SIEMPRE un Fa♯ y no un Sol♭; de lo contrario, la escala de Sol mayor no tendría ningún Fa, y en cambio tendría dos Sol (Sol y Sol♭), lo que provocaría un baile de bemoles y becuadros para distinguir uno de otro.

Las armaduras se usan con todas las claves. En el ejemplo, se reproduce la de Sol mayor (un sostenido, el Fa♯) en clave de Sol y de Fa:

SOL MAYOR (EN CLAVE DE SOL)   SOL MAYOR (EN CLAVE DE FA)

Aunque la armadura sólo presente el sostenido sobre la quinta línea del pentagrama, la alteración afectará a TODAS las notas Fa que aparezcan, incluso las que ocupen líneas adicionales.

▶ 3 / 4

SOL FA♯ SOL LA   SI   RE   SOL FA♯ MI SOL RE   SI

FA MAYOR CON UN BEMOL

El mismo procedimiento se aplica a los bemoles. El ejemplo siguiente presenta un solo bemol en la tercera línea, lo que indica que la música está en tono de Fa mayor. De este modo, cualquier nota que aparezca en la tercera línea del pentagrama debe tocarse como Si♭, y NO como Si natural. En las partituras escritas en clave de Fa, esta tonalidad se indica con un bemol sobre la segunda línea. ▶ 3 / 5

FA MAYOR (EN CLAVE DE SOL)   **FA MAYOR (EN CLAVE DE FA)**

FA   SI♭   LA   SI♭   SI♭   FA   MI   RE   FA   SI♭   LA   SI♭   DO   RE   SI♭

TEST 11

EL SIGUIENTE TEST LE AYUDARÁ A SEGUIR FAMILIARIZÁNDOSE CON LOS NOMBRES DE LAS NOTAS. ESTE PROCESO SE COMPLICA UN POCO CON ARMADURAS. A BASE DE REPETIR LOS EJERCICIOS CONSEGUIRÁ DOMINAR EL ARTE DE LA LECTURA A VISTA. CONVIENE TOMARSE EL TIEMPO NECESARIO PARA IR AVANZANDO EN LA LECTURA DE CUALQUIER PARTITURA; NO IMPORTA DE QUÉ TIPO DE MÚSICA SE TRATE.

EJERCICIO 1.   ▶ 3 / 6

EJERCICIO 2.   ▶ 3 / 7

EJERCICIO 3.   ▶ 3 / 8

DESARROLLO DE OTRAS ARMADURAS

Hasta ahora sólo hemos visto las armaduras de dos tonos posibles, aparte del de Do mayor, que no lleva: Sol mayor, que lleva un sostenido (Fa#) y Fa mayor, que lleva un bemol (Si♭). No obstante, se pueden construir escalas mayores a partir de cualquiera de las otras notas siguiendo el patrón inamovible de intervalos que define la escala mayor.

Tal como descubriremos muy pronto, todos los tonos mayores se pueden reconocer a partir del número de sostenidos o bemoles que presenta la armadura que hay al principio del pentagrama. El número y la posición de los sostenidos y bemoles de cada nueva escala sigue un patrón matemático específico muy simple.

DISPOSICIÓN DE LOS SOSTENIDOS

Ya hemos visto que, al pasar de una escala de Do mayor a otra de Sol mayor –el quinto grado de la escala de Do mayor– la nueva armadura presenta sólo un sostenido. Si continuamos el proceso, observaremos cómo surge gradualmente un modelo bien definido.

Pasando de un tono a su quinto grado correspondiente cada vez, la escala mayor que empieza en el quinto grado del Sol mayor tendrá como tónica –y como tono– el Re. Si contamos los intervalos de escala mayor que aparecen en

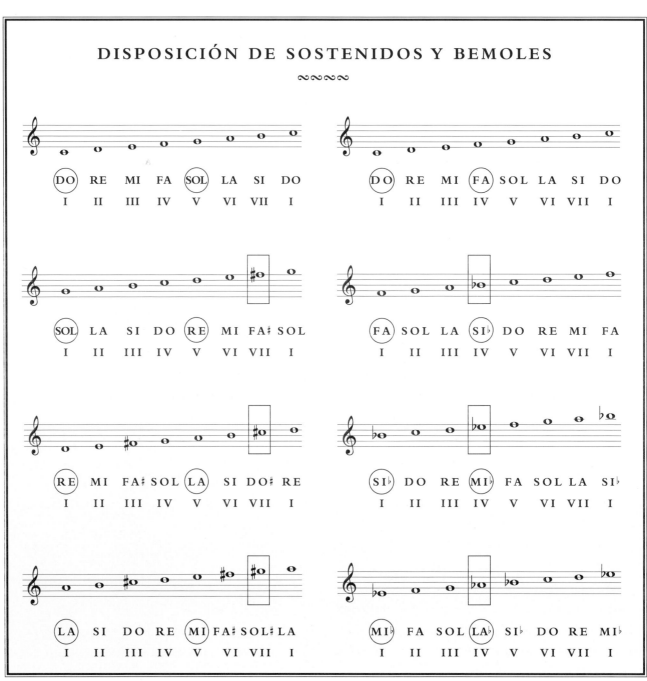

DISPOSICIÓN DE SOSTENIDOS Y BEMOLES

la página 35 a partir de la nota Re, descubriremos que se necesitan DOS sostenidos para tocar la escala correctamente. El Fa♯ de la escala anterior sigue ahí, pero esta vez acompañado de un segundo sostenido en el séptimo grado de la nueva escala. De este modo, la armadura de Re mayor presenta DOS SOSTENIDOS: Fa♯ y Do♯.

Ahora llevemos este razonamiento un paso más allá construyendo una escala a partir del quinto grado de Re mayor. Esta vez la tónica es el La. Para construir la escala de La mayor respetando los intervalos correctos necesitamos TRES sostenidos. Los sostenidos de la escala anterior –Fa♯ y Do♯– siguen ahí, pero se añade un tercer sostenido, UNA VEZ MÁS en el séptimo grado de la escala, en esta ocasión Sol♯.

Este proceso de añadir un sostenido en el séptimo grado de cada nueva escala construida a partir del quinto grado de otra puede prolongarse indefinidamente, aunque en la práctica nunca se lleva más allá del tono de Fa♯, que incluye seis sostenidos. La relación es la que se muestra en la columna de la izquierda del recuadro de la página anterior.

DISPOSICIÓN DE LOS BEMOLES

El mismo principio se puede aplicar a las armaduras compuestas de bemoles. Ya hemos visto que al pasar de la tonalidad de Do mayor a la de Fa mayor se obtiene una armadura de un bemol, el Si♭. Pensemos que es una nueva escala construida a partir del CUARTO grado de la de Do mayor (en vez del quinto grado usado para crear las armaduras con sostenidos).

Empecemos construyendo una escala mayor a partir del cuarto grado de Fa mayor. Proyectando el mismo patrón de intervalos desde la nota Si♭, la nueva escala comprenderá las notas Si♭, Do, Re, Mi♭, Fa, Sol y La. Observaremos que se repite el mismo modelo. Cada vez que se construye una escala a partir del CUARTO grado, se añade un bemol en el cuarto grado de la escala resultante.

Si llevamos el procedimiento un paso más allá, el cuarto grado de Si♭ es Mi♭. Para proyectar los intervalos de escala mayor desde Mi♭ necesitamos añadir un bemol en el cuarto grado, con lo que la nueva escala es Mi♭, Fa, Sol, La♭, Si♭, Do, Re, Mi♭. Esta sucesión de relaciones se puede observar en la columna de la derecha del recuadro de la página anterior.

Si le parece que alguna parte de esta sección resulta muy difícil, de momento no se preocupe. Es una de las pocas partes de la teoría de la música con un enfoque matemático. En la práctica, el uso de las armaduras no es tan complicado.

TEST 12
〰〰 〰〰 〰〰 〰〰

RESPONDA LAS 20 PREGUNTAS SIGUIENTES:

1. ¿QUÉ TONALIDAD MAYOR NO NECESITA SOSTENIDOS NI BEMOLES?

2. LA TONALIDAD DE FA MAYOR INCLUYE LA NOTA LA♮. ¿VERDADERO O FALSO?

3. ¿CUÁL ES EL CUARTO GRADO DE SOL MAYOR?

4. LA TONALIDAD DE RE MAYOR, ¿TIENE DOS O TRES SOSTENIDOS?

5. EL INTERVALO ENTRE LAS NOTAS MI Y FA ES DE UN TONO. ¿ES CIERTO?

6. ¿QUÉ TONALIDAD MAYOR TIENE CINCO SOSTENIDOS?

7. EL SEXTO GRADO DE RE MAYOR ES LA MISMA NOTA QUE EL SEGUNDO GRADO DE LA MAYOR. ¿ES CIERTO?

8. EN LA ARMADURA DE SOL MAYOR ESCRITA EN CLAVE DE FA, EL SÍMBOLO DEL SOSTENIDO APARECE EN EL CUARTO ESPACIO. ¿ES CIERTO?

9. LAS PRIMERAS SIETE NOTAS DE ESTA ESCALA MAYOR ESTÁN MEZCLADAS: MI, LA, SI, DO♯, FA♯, RE, SOL♯. ORDÉNELAS Y DIGA EL NOMBRE DE LA ESCALA.

10. ¿CUÁL ES EL SÉPTIMO GRADO DE LA MAYOR?

11. ¿SERÍA CORRECTO DESCRIBIR SIEMPRE EL INTERVALO ENTRE LAS NOTAS SOL Y DO COMO DE CINCO SEMITONOS?

12. ¿CUÁNTOS SOSTENIDOS O BEMOLES LLEVA LA ARMADURA DE LA♭ MAYOR?

13. EN LA ARMADURA DE MI MAYOR APARECEN CUATRO SOSTENIDOS EN LAS MISMAS LÍNEAS EN CLAVE DE SOL QUE EN CLAVE DE FA. ¿VERDADERO O FALSO?

14. ¿ES LA MISMA NOTA EL TERCER GRADO DE DO MAYOR Y EL SEXTO GRADO DE SOL MAYOR?

15. EL FA♯ Y EL LA♭ SON EL MISMO TONO. ¿ES CIERTO?

16. ¿ES LA MISMA NOTA SI♭ QUE LA♯?

17. LAS ARMADURAS DE DO, SOL, RE Y LA MAYORES TIENEN TODAS POR LO MENOS UN SOSTENIDO EN EL SÉPTIMO GRADO. ¿ES CIERTO?

18. ¿CUÁNTOS BEMOLES LLEVA LA ARMADURA DE MI♭ MAYOR?

19. LA TONALIDAD DE SI♭ MAYOR REQUIERE DOS BEMOLES. ¿CUÁLES?

20. EL SEXTO GRADO DE MI♭ MAYOR Y EL DE RE MAYOR ESTÁN SEPARADOS POR UN SEMITONO. ¿ES CIERTO?

LA RUEDA DE QUINTAS

Las relaciones entre las escalas que empiezan a partir del quinto o cuarto grado se pueden representar con una rueda, conocida como RUEDA DE QUINTAS.

Las notas se disponen de forma que, moviéndonos en la dirección de las agujas del reloj, cada una es el QUINTO GRADO de la escala anterior. Se empieza en la parte más alta de la rueda con el Do, y cada paso que se da en el sentido de las agujas del reloj añade un sostenido a la armadura de la tonalidad. Es más, el nuevo sostenido siempre corresponderá al séptimo grado de la nueva escala.

También ocurre lo contrario. Si se mueve en dirección contraria a las agujas del reloj, cada nota está en el quin-

to grado HACIA ABAJO empezando a contar desde la tónica de cla escala anterior. En la práctica, eso supone que la tónica de la nueva escala ocupa el CUARTO GRADO de la escala anterior. Así, empezando en la parte superior de la rueda, a cada paso que se dé en dirección contraria a las agujas del reloj se añade un BEMOL a la armadura de esa nota. El nuevo bemol aparecerá en el cuarto grado de la nueva escala.

La rueda de quintas es una forma práctica de memorizar los patrones de creación de armaduras. Sería conveniente tomarse un tiempo para aprender la sucesión de las quintas o el orden en que aparecen sostenidos y bemoles sobre la armadura (Fa, Do, Sol, Re, La, Mi, Si para los sostenidos y, al

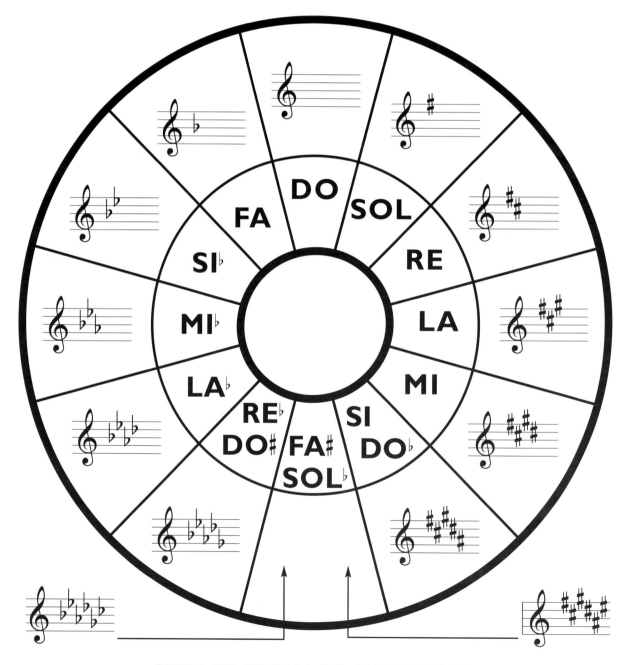

RUEDA DE QUINTAS (EN CLAVE DE SOL)

revés, Si, Mi, La, Re, Sol, Do, Fa para los bemoles). Es algo muy necesario para leer a vista sin problemas.

El diagrama de la izquierda muestra la disposición de sostenidos y bemoles en clave de Sol. Aunque es lo más habitual, también se recomienda familiarizarse con las armaduras en clave de Fa, que aparecen en esta página. Habrá observado que las tres casillas inferiores presentan enarmónicos posibles. Los tonos de Fa♯ mayor y Sol♭ mayor también se usan, por lo que aparecen igualmente en la rueda. Incluso es posible el uso de los tonos de Do♯ mayor y Do♭ mayor (siete sostenidos y siete bemoles respectivamente), pero es mucho más frecuente el uso de sus enarmónicos, Si mayor o Re♭ mayor.

RESUMEN DE LA LECCIÓN 3

∞∞∞

- **INTERVALOS DE LAS ESCALAS MAYORES**
- **ARMADURAS**
- **FORMACIÓN DE ESCALAS A PARTIR DEL QUINTO GRADO**
- **FORMACIÓN DE ESCALAS A PARTIR DEL CUARTO GRADO**
- **RUEDA DE QUINTAS EN CLAVE DE SOL**
- **RUEDA DE QUINTAS EN CLAVE DE FA**

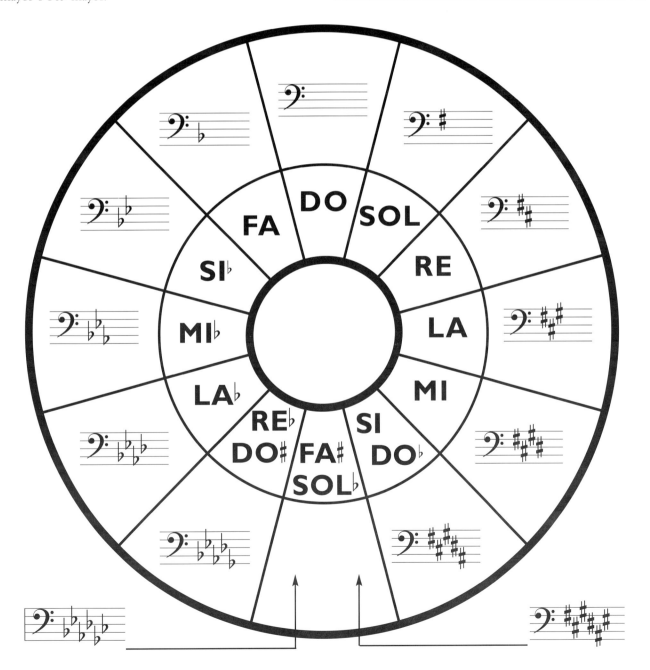

RUEDA DE QUINTAS (EN CLAVE DE FA)

LECCIÓN 4

Tiempo y movimiento

Cuando las notas se escriben, se suelen agrupar en pequeños bloques llamados COMPASES. Cada compás contiene un número determinado de tiempos. Hasta ahora, todos los ejemplos que hemos visto presentaban compases del mismo tipo —de cuatro tiempos—. Eran compases de cuatro por cuatro, que ya hemos visto escritos al inicio de algunas partituras. Pero existen otros tipos de compás.

EL COMPÁS

El compás de cuatro por cuatro es, con mucho, el más usado. Antiguamente se le llamaba COMPASILLO, por lo que, en algunos casos, en vez del quebrado, se usa una C caligráfica al principio del pentagrama: **C**. Es un símbolo que ha sobrevivido desde los primeros días de la música escrita. No obstante, hay muchos otros compases posibles.

Pero centrémonos en el quebrado que vemos al principio de la partitura y en su significado. El número superior indica cuantos tiempos tiene el compás. El número inferior, el valor de cada uno de los tiempos. Si el número inferior es dos, los tiempos son de blanca; si es cuatro, los tiempos son de negra; si es ocho, los tiempos son de corchea. Aunque se podría emplear un compás que tuviera tiempos de redonda (con un número 1) o semicorcheas (con un 16), en la práctica eso no ocurre casi nunca.

CADA COMPÁS
TIENE CUATRO
TIEMPOS

CADA TIEMPO
ES UNA NEGRA

COMPASES SIMPLES

Escuche los tres compases que aparecen en la página siguiente. Son de dos por cuatro, tres por cuatro y cuatro por cuatro. Fíjese cómo en cada pista se subraya el primer tiempo de cada compás. Este énfasis es el que crea el ritmo de cada pieza, aunque en este caso no se estén tocando notas diferentes.

Aunque sólo mostramos un compás de cada ejemplo, las pistas 4/1 a 4/3 del CD reproducen cada compás 16 veces, lo que le permitirá escuchar y seguir el ritmo con palmadas. Cuente los tiempos, marcando la palabra «UN» cada vez. En el primer ejemplo se repite <u>UN</u> - DOS. En el segundo, <u>UN</u> - DOS - TRES. La acentuación sale de manera natural cada dos o tres tiempos; en el cuatro por cuatro hay dos acentos: el más potente sobre el UN y el más débil sobre el TRES.

Observe que si no fuera por estos acentos, los tres compases sonarían exactamente igual. Ello se debe a que el MOVIMIENTO es idéntico en los tres casos. El movimiento, o TEMPO, hace referencia al tiempo real que dura cada negra, lo cual determina la velocidad total de ejecución. Aunque están distribuidas de forma diferente entre los compases, cada una de las negras dura exactamente lo mismo.

TERMINOLOGÍA ANTIGUA Y MODERNA

~∞∞∞~

AL IGUAL QUE OCURRE CON LAS PALABRAS QUE HACEN REFERENCIA A TONOS Y SEMITONOS, EN ALGUNOS PAÍSES SE DAN DIFERENTES NOMBRES A LOS VALORES DE LAS NOTAS. HAY SISTEMAS MÁS LÓGICOS, Y OTROS QUE USAN TÉRMINOS QUE PROCEDEN DEL SIGLO XVII O INCLUSO ANTES (POR EJEMPLO, «SEMIBREVE» PARA LA REDONDA Y «MÍNIMA» PARA LA BLANCA). EN EE.UU. SE REGISTRA CIERTA TENDENCIA A NOMBRAR LOS VALORES DE LAS NOTAS SIMPLEMENTE COMO FRACCIONES DE UNA REDONDA, DE FORMA QUE ÉSTA SE LLAMA «COMPLETA», LA BLANCA –QUE DURA LA MITAD– ES UNA «MEDIA NOTA», ETCÉTERA. VALE LA PENA FAMILIARIZARSE CON ESTE SISTEMA SI SE LEEN PARTITURAS IMPORTADAS O TRADUCIDAS EN LATINOAMÉRICA. EL SISTEMA AMERICANO PUEDE RESULTAR ÚTIL PARA TRABAJAR ALGUNOS ASPECTOS DE TIEMPO Y RITMO, POR LA RELACIÓN QUE ESTABLECE ENTRE LOS VALORES Y SUS MÚLTIPLOS Y DIVISORES, PERO NO ES EL HABITUAL EN ESPAÑA.

REDONDA
(EN EE.UU.: NOTA COMPLETA)

BLANCA
(EN EE.UU.: MEDIA NOTA)

NEGRA
(EN EE.UU.: CUARTA)

CORCHEA
(EN EE.UU.: OCTAVA)

SEMICORCHEA
(EN EE.UU.: DIECISEISAVA)

FUSA
(EN EE.UU.: TREINTAIDOSAVA)

COMPÁS DE DOS POR CUATRO (DOS NEGRAS)

▶ 4 / 1

COMPÁS DE TRES POR CUATRO (TRES NEGRAS)

▶ 4 / 2

COMPÁS DE CUATRO POR CUATRO (CUATRO NEGRAS)

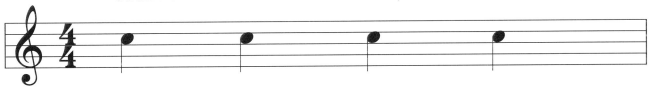

▶ 4 / 3

LOS COMPASES SIMPLES EN LA PRÁCTICA

Una cuestión delicada a la que se debe hacer referencia es la diferencia, en la práctica, entre un compás de dos por cuatro y uno de cuatro por cuatro. Evidentemente, se pueden contar dos compases de dos por cuatro como uno solo de cuatro por cuatro. Pero entonces, ¿por qué los compositores se molestan en distinguir el uno del otro?

Una de las aplicaciones más comunes del compás de dos por cuatro es la música de marcha. En este caso el razonamiento es bastante claro, si imaginamos a los soldados desfilando a la orden de «IZQUIERDA - DERECHA - IZQUIERDA - DERECHA». Aquí, cada movimiento completo consta de dos partes —la pierna izquierda seguida de la derecha—. Aunque *sí* se podría contar como «UN - DOS - TRES - CUATRO», los tiempos se distribuyen de un modo más natural en grupos de dos. Dado que en un compás de cuatro por cuatro el énfasis en el tercer tiempo es menor que en el primero, a menos que la música siga ese patrón, parece razonable afirmar que el uso de un compás de cuatro por cuatro sería incorrecto. En algunas ocasiones, no obstante, la diferencia puede ser menos evidente y se podría atribuir a la cadencia de la música. Así observamos que, aparte las reglas básicas, muchos de los matices de la escritura musical dependen bastante del criterio de quien la escribe y pueden adaptarse para facilitar la comunicación —que, al fin y al cabo, es el objetivo de la música—.

COMBINACIÓN DE VALORES EN UN COMPÁS SIMPLE

En los tres pentagramas de la página anterior se advierte que, como siempre, el valor total de las notas de cada compás equivale al número superior del quebrado indicador del compás.

A continuación presentamos un sencillo ejemplo en compás de tres por cuatro —correspondiente a una nana—. Observe que, si cuenta los valores, el resultado en cada compás ES de tres tiempos. De ahí que, a diferencia de lo que ocurre en un compás de cuatro por cuatro, la nota que dura todo el compás NO PUEDA SER una redonda, ya que esta se prolonga cuatro tiempos. En su lugar usamos una BLANCA CON PUNTILLO, que dura tres tiempos.

Este compás tiene un ritmo inconfundible, y a menudo se le denomina «tiempo de vals» o «tiempo triple».   ▶ 4 / 4

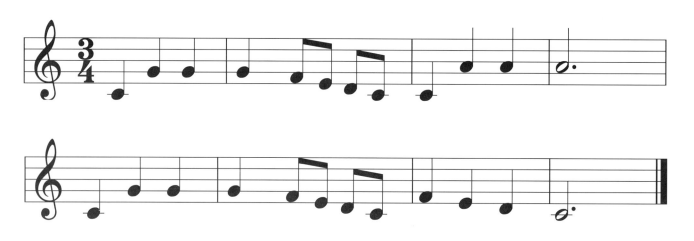

BARRAS DE COMPÁS
∾∾∾∾

EN EL EJEMPLO SUPERIOR LA BARRA DIVISORIA FINAL ES DISTINTA DE LAS QUE HEMOS VISTO HASTA AHORA. ESTA BARRA SE DENOMINA «DOBLE BARRA». HAY DOS TIPOS DIFERENTES DE DOBLE BARRA: DOS LÍNEAS VERTICALES DE IGUAL GROSOR, QUE INDICAN EL FINAL DE UNA SECCIÓN EN EL INTERIOR DE UNA PIEZA; Y UNA LÍNEA FINA SEGUIDA DE UNA MÁS GRUESA, USADAS PARA MARCAR EL FINAL DE LA PIEZA. TAL COMO VEREMOS MÁS ADELANTE, EXISTEN MUCHOS OTROS SÍMBOLOS Y TÉRMINOS QUE SE PUEDEN COLOCAR JUNTO A LAS DOBLES BARRAS PARA DAR INSTRUCCIONES COMPLEMENTARIAS, COMO POR EJEMPLO LA REPETICIÓN DE UNA SECUENCIA.

COMPASES COMPUESTOS

Los tres compases simples que hemos visto hasta ahora tienen tiempos divisibles por dos. Existe otro tipo de compás divisible por tres, que se conoce como COMPÁS COMPUESTO.

Un compás simple de dos tiempos marcado como dos por cuatro se puede tocar como dos grupos de corcheas. De forma análoga, un compás compuesto de dos tiempos indicado como seis por ocho se tocaría como dos grupos de tres corcheas.

Del mismo modo, un compás de tres tiempos se puede tocar como tres grupos de tres corcheas si es un nueve por ocho, y uno de cuatro tiempos con tres corcheas cada uno sería un doce por ocho.

A continuación presentamos tres ejemplos de compases compuestos. Cuente los valores atentamente.

COMPÁS DE SEIS POR OCHO (SEIS CORCHEAS)

▶ 4 / 5

COMPÁS DE NUEVE POR OCHO (NUEVE CORCHEAS)

▶ 4 / 6

COMPÁS DE DOCE POR OCHO (DOCE CORCHEAS)

▶ 4 / 7

UNA CUESTIÓN DE ÉNFASIS

El énfasis que se les da a unas notas o a otras –o el volumen con que se tocan– es de gran importancia. Sin ello, la música sería monótona y bidimensional. Para saber cuándo hay que enfatizar conviene fijarse en la disposición de las notas.

El ejemplo siguiente muestra dos compases con seis corcheas cada uno, por lo que se presenta como un 6/8. El primer compás presenta dos grupos de tres corcheas; el segundo, tres grupos de dos. El hecho de que se presenten unidas de este modo significa que, aunque la nota que tendrá el mayor énfasis seguirá siendo la del primer tiempo de cada compás, en el primer caso la cuarta nota también se destacará, aunque menos. En el segundo compás, en cambio, hay dos notas sobre las que se incidirá de forma secundaria: la tercera y la quinta. No obstante, estos cambios son sutiles y no deberían contemplarse en ningún caso como instrucciones de ejecución, por ejemplo, para aumentar ostensiblemente el volumen de la nota. Trataremos estas cuestiones más ampliamente en lecciones posteriores.

▶ 4 / 8

COMPASES DE AMALGAMA

También existe una serie de compases menos utilizados cuyo número de tiempos no es divisible por dos o tres. Se conocen como COMPASES DE AMALGAMA. Los compases de amalgama más frecuentes son los que suman cinco o siete tiempos, pero en ocasiones también se emplean compases de once y trece tiempos.

Por «antinatural» o complejo que pueda parecer, incluso el compás más asimétrico se puede interpretar fácilmente como una combinación de grupos de dos, tres o cuatro tiempos.

COMPÁS DE CINCO POR CUATRO

El primer ejemplo a continuación muestra dos pentagramas con un compás de cinco por cuatro. Cada compás contiene cinco negras. Este compás se puede interpretar como un grupo de tres negras seguido de otro de dos, o viceversa.

En este caso no tenemos corcheas agrupadas que nos proporcionen pistas sobre el énfasis, de modo que se ha usado un ACENTO en su lugar. Este elemento sirve como instrucción para tocar la nota a mayor volumen y consiste en el símbolo «Λ» colocado sobre la nota (también se puede usar «>» sobre la nota, o «V» por debajo). El primer compás se puede contar como UN - DOS - UN - DOS - TRES. El segundo se cuenta UN - DOS - TRES - UN - DOS.

COMPÁS DE SIETE POR CUATRO

El segundo ejemplo presenta un compás de siete por cuatro. También en este caso se puede interpretar como un grupo de tres negras seguido de otro de cuatro o viceversa. Una tercera alternativa, no mostrada en este pentagrama, es contarlo como un grupo de dos, uno de tres y luego otro de dos. Por ejemplo, UN - DOS - UN - DOS - TRES - UN - DOS.

COMPASES DE CINCO POR CUATRO (CINCO NEGRAS)

▶ 4 / 9

COMPASES DE SIETE POR CUATRO (SIETE NEGRAS)

▶ 4 / 10

TEST 13

〰 〰 〰 〰

CADA UNO DE LOS OCHO EJEMPLOS SIGUIENTES DEL CD CONTIENE UN CORTO FRAGMENTO MUSICAL. EL EJERCICIO CONSISTE EN INTENTAR DEDUCIR EL COMPÁS DE CADA PIEZA. PARA QUE EL DESAFÍO SEA MAYOR SE HAN EMPLEADO DIFERENTES ESTILOS Y MOVIMIENTOS, AUNQUE DE FONDO SE PUEDE ESCUCHAR EL METRÓNOMO COMO GUÍA.

1. ▶ 4 / 11   2. ▶ 4 / 12

3. ▶ 4 / 13   4. ▶ 4 / 14

5. ▶ 4 / 15   6. ▶ 4 / 16

7. ▶ 4 / 17   8. ▶ 4 / 18

TEST 14

〰〰〰〰

A CONTINUACIÓN PRESENTAMOS OCHO COMPASES SUELTOS DE DISTINTAS PIEZAS. HEMOS ELIMINADO EL INDICADOR DE COMPÁS DE TODOS ELLOS. SUMANDO LOS DIFERENTES VALORES DE CADA UNO DEBE DEDUCIR EL COMPÁS CORRECTO. COMO PRUEBA ADICIONAL, ESCRIBA EL NOMBRE DE CADA NOTA Y LOS TONOS MAYORES EN QUE ESTÁN ESCRITOS LOS FRAGMENTOS. PUEDE UTILIZAR LA «RUEDA DE QUINTAS» DEL FINAL DE LA LECCIÓN TRES SI NECESITA REFRESCAR LA MEMORIA SOBRE EL TEMA.

CAMBIOS DE COMPÁS

Es posible cambiar de compás en el transcurso de una pieza musical. La forma de indicarlo es muy simple: cuando ocurre, se escribe el nuevo compás tras la barra correspondiente. A partir de ese punto, el compás será ese hasta el final de la pieza o hasta que se señale un nuevo cambio de compás. La pieza siguiente presenta tres ritmos diferentes. En el CD se oye de fondo un metrónomo, para que pueda distinguir el cambio más fácilmente.

▶ 4 / 19

MOVIMIENTOS

La velocidad a la que se toca una pieza musical se denomina MOVIMIENTO o *TEMPO*. En la música escrita, esto se puede señalar de dos formas diferentes: con una indicación generalizada por escrito —«rápido» o «muy vivo», por ejemplo— o marcando el número de tiempos que se debe ejecutar por minuto. Esta instrucción suele aparecer al inicio de la partitura y se muestra con el valor en cuestión seguido de un valor numérico.

$$\text{♩} = 100$$

Este ejemplo señala que se debe tocar a ritmo de cien negras por minuto.

Existen diversos modos de medir este valor. Tradicionalmente, los músicos y compositores han empleado un aparato mecánico en forma de pirámide llamado METRÓNOMO, que se puede ajustar manualmente para que produzca un chasquido audible al ritmo que se desee. El metrónomo, inventado hacia 1812 por un holandés llamado Dietrich Winkler, fue copiado, modificado y patentado en 1815 por Johann Maelzel, que, aunque después fue denunciado por Winkler, se atribuyó la autoría del aparato, hasta el punto de que éste era denominado «metrónomo de Maelzel». Incluso hoy en día existen partituras que tienen las letras «M.M.» junto al valor de referencia del tiempo.

$$\text{M.M.} = 100$$

Sin embargo, recientemente muchos músicos modernos han optado por un aparato de percusión electrónica o secuenciador MIDI para producir el mismo efecto, por lo que se usa cada vez más la abreviatura «bpm» (del inglés *beats per minute*, «impulsos por minuto»). De hecho, el crecimiento de la «cultura de los DJs» y la cada vez mayor popularidad de la música electrónica de discoteca han introducido el término en el vocabulario popular.

Aunque esta cifra es muy precisa, en la práctica se suele usar como referencia genérica, más que como valor inamovible. La mayoría de composiciones clásicas incluyen la indicación, pero lo cierto es que pocos músicos o directores tienen un sentido del ritmo tan perfecto como para aplicar estos valores de forma instintiva. Algunas composiciones reconocen esta imprecisión e incluyen antes de la misma la palabra *circa*, que significa «aproximadamente» y cuya abreviatura es «*c.*».

CUIDADO CON EL TIPO DE NOTA

La mayoría de referencias de ritmo se muestran en relación con valores de negra, pero ello puede variar dependiendo

DE SIMPLE A COMPUESTO

∞∞∞∞

EN OCASIONES HAY QUE REPLANTEARSE LA NOCIÓN DE ATRIBUIR UN VALOR FIJO A UN TIPO DE NOTA CUANDO UNA PARTITURA CAMBIA DE COMPÁS, SOBRE TODO CUANDO SE PASA DE UN TIEMPO SIMPLE A OTRO COMPUESTO, POR EJEMPLO, DE 3/4 A 6/8. EN EL CASO SIGUIENTE, PARA MANTENER LA UNIDAD DE MOVIMIENTO, SE INDICA QUE EL VALOR DE UNA NEGRA DEL PRIMER COMPÁS (3/4) ES IDÉNTICO AL DE UNA NEGRA CON PUNTILLO EN EL TIEMPO COMPUESTO (6/8), LO QUE SE CONSIGUE SENCILLAMENTE SEÑALANDO LA EQUIVALENCIA SOBRE LA BARRA EN LA QUE SE HACE EFECTIVO EL CAMBIO DE COMPÁS. PUEDE ESCUCHAR EL CAMBIO CREADO EN EL CD. EL PRIMER EJEMPLO SE TOCA TAL COMO ESTÁ ESCRITO A CONTINUACIÓN. EL SEGUNDO, COMO SI NO SE HUBIERA INCLUIDO LA INDICACIÓN SOBRE LA DIVISORIA. ▶ 4 / 20

TÉRMINOS DE MOVIMIENTO

∾∾∾∾

NOMBRE ITALIANO	DESCRIPCIÓN	BPM
GRAVE	MUY LENTO, SERIO	MENOS DE 40
LENTO	LENTO	40-55
ADAGIO	TRANQUILO	55-75
ANDANTE	AL PASO	75-105
MODERATO	VELOCIDAD MODERADA	105-120
ALLEGRO	RÁPIDO (LITERALMENTE, ALEGRE)	120-150
VIVACE	VIVO	150-170
PRESTO	RÁPIDO	170-210
PRESTISSIMO	LO MÁS RÁPIDO POSIBLE	MÁS DE 210

de la pieza. Observe las dos referencias de ritmo siguientes: si tuviera que aplicarlas, la música sonaría muy distinta. Cien blancas por minuto es lo mismo que doscientas negras por minuto.

$$\text{♩} = 100 \qquad \text{♩} = 100$$

INDICACIONES DE MOVIMIENTO

En muchas partituras se especifica un movimiento general. Estas instrucciones se presentan, por tradición, con sus nombres originales en italiano, que se utilizan desde hace siglos y que han adoptado los músicos clásicos de todo el mundo, lo que significa que han tenido que familiarizarse con un vocabulario mínimo en este idioma.

La lista del recuadro superior de esta página muestra una amplia selección de estos términos, conocidos como TÉRMINOS DE MOVIMIENTO. Junto a la traducción encontrará el número aproximado de tiempos por minuto correspondiente. Observe que, el intérprete o director tiene un margen de maniobra considerable para interpretar —al fin y al cabo, un *Andante* sonará muy diferente si se toca a 75 bpm que si se toca a 105 bpm.

Otro uso complementario de los términos de movimiento —que siempre ha causado cierta confusión— es indicar el carácter de la música, es decir, la emoción con que se debe tocar.

RESUMEN DE LA LECCIÓN 4

∾∾∾∾

ÉSTOS SON LOS PRINCIPALES PUNTOS DE LA LECCIÓN. HAY ALGUNAS CUESTIONES COMPLEJAS,
ASÍ QUE DEDIQUE EL TIEMPO NECESARIO PARA REVISARLAS ANTES DE PASAR A LA LECCIÓN 5.

- PARTES DE UNA ARMADURA
- COMPÁS SIMPLE DE DOS POR CUATRO
- COMPÁS SIMPLE DE TRES POR CUATRO
- COMPÁS SIMPLE DE CUATRO POR CUATRO
- COMPASES COMPUESTOS
- TIEMPOS DE MAYOR ÉNFASIS

- COMPÁS DE AMALGAMA DE CINCO POR CUATRO
- COMPÁS DE AMALGAMA DE SIETE POR CUATRO
- INDICACIONES DE VELOCIDAD (CON METRÓNOMO)
- TÉRMINOS DE MOVIMIENTO

LECCIÓN 5

Escalas menores

Ya hemos visto que las escalas mayores se construyen a partir de un patrón fijo de siete intervalos. Hay otra serie de escalas que también se usan con mucha frecuencia y se conocen como ESCALAS MENORES. Hay tres tipos diferentes de escalas menores, cada una con su serie de intervalos fijos. Al igual que las escalas mayores, se construyen con una serie de ocho notas distribuidas de la tónica a la octava.

¿QUÉ ES UNA ESCALA MENOR?

Del mismo modo que una pieza musical escrita en un tono mayor tiene un aire característico, lo mismo ocurre con una pieza escrita en un tono menor. Sería simplista generalizar, pero las partituras que suelen parecernos tristes o melancólicas en muchos casos se han escrito en un tono menor. Comparemos, por ejemplo, una Marcha nupcial, escrita en un tono mayor, con una Marcha fúnebre, escrita en un tono menor. ▶ 5 / 1

LA ESCALA MENOR NATURAL

Al contrario que en las escalas mayores, cuyo patrón de intervalos siempre permanece idéntico, existen tres tipos diferentes de escalas menores, cada una con sus propias características. Son la MENOR NATURAL, la MENOR ARMÓNICA y la MENOR MELÓDICA. Todas las escalas menores tienen en común una diferencia respecto a la escala mayor, y es que el tercer grado siempre se rebaja un semitono. Las diferencias entre las tres escalas menores tienen que ver con alteraciones de los grados sexto y séptimo.

El patrón de intervalos entre las notas que componen la escala MENOR NATURAL es el que se muestra a continuación. Los intervalos son TONO - SEMITONO - TONO - TONO - SEMITONO - TONO - TONO. Para formar una escala menor natural a partir de una escala mayor, se rebajan los grados 3º, 6º y 7º en un semitono. En el CD se reproduce la escala ascendente (tal como se muestra en el pentagrama) y descendente, tocada desde el 8º grado hasta el 1º. ▶ 5 / 2

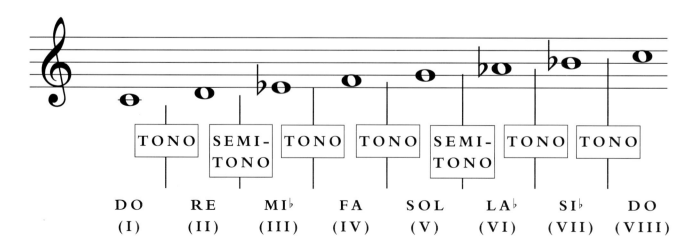

RELACIÓN ENTRE TONOS MAYORES Y MENORES

Aunque los patrones de intervalos empleados por una escala mayor natural y una menor natural sean claramente distintos, se advierte una interesante relación entre estos dos tipos de escala cuando se construye una escala menor natural a partir del 6º grado de la escala mayor. Los ejemplos siguientes muestran una escala de Do mayor y una de La menor natural (la nota La es el 6º grado de Do mayor). Se puede observar que ambas escalas utilizan el mismo conjunto de notas, aunque empiecen en posiciones distintas. Toque las dos escalas, o escuche la pista 5/3 del CD para notar la diferencia.

Es posible definir la relación entre estas dos escalas de dos modos distintos: el tono de La menor se puede describir como el RELATIVO MENOR de Do mayor; o se puede decir que el tono de Do mayor es el RELATIVO MAYOR de La menor.   ▶ 5 / 3

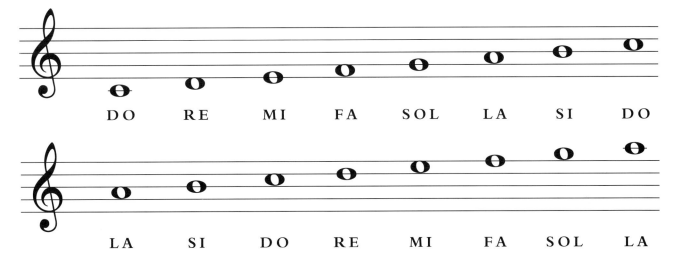

TONOS RELATIVOS MENORES Y SUS ARMADURAS

La relación fija entre las escalas mayores y menores resulta de gran utilidad para la identificación de armaduras. Del mismo modo que se puede deducir el tono de una pieza musical contando el número de sostenidos y bemoles de la armadura, la relación que acabamos de describir hace posible que se pueda aplicar la misma observación a una melodía escrita en un tono menor.

A continuación presentamos las armaduras de los tonos mayores más frecuentes con sus equivalentes menores respectivos.

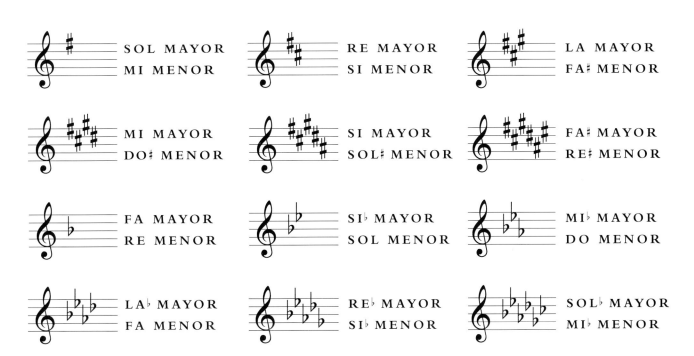

LA ESCALA MENOR ARMÓNICA

La escala menor armónica se diferencia de la escala menor natural en que eleva el 7° grado en un semitono. Así, el esquema de intervalos que sigue la escala es el siguiente: TONO - SEMITONO - TONO - TONO - SEMITO-NO - TONO MÁS SEMITONO - SEMITONO. Observemos que, al elevar el 7° grado, el intervalo entre el 6° y el 7° grados es ahora de tres semitonos.

La pista 5/4 del CD reproduce la escala menor armónica de Do (que aparece en el siguiente pentagrama) tocada en forma ascendente y descendente.   ▶ 5 / 4

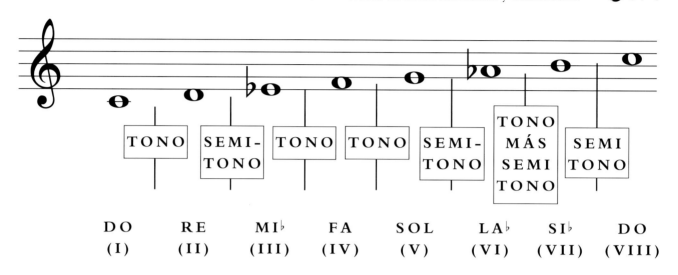

| DO
(I) | RE
(II) | MI♭
(III) | FA
(IV) | SOL
(V) | LA♭
(VI) | SI♭
(VII) | DO
(VIII) |

EL NOMBRE DE LOS GRADOS

∞∞∞∞

TODAS LAS DENOMINADAS ESCALAS DIATÓNICAS –LAS MAYORES Y LAS MENORES– ESTÁN COMPUESTAS DE OCHO NOTAS DIFERENTES. CADA UNO DE ESTOS GRADOS TIENE UN NOMBRE. EL PRIMERO ES LA TÓNICA. EL QUINTO GRADO, LA NOTA MÁS IMPORTANTE DE LA ESCALA TRAS LA TÓNICA, ES LA DOMINANTE. EL CUARTO GRADO ES LA SUBDOMINANTE PORQUE SE ENCUENTRA POR DEBAJO DE LA DOMINANTE. EL SEGUNDO GRADO ES LA SUPERTÓNICA; ESTE TÉRMINO PROCEDE DE LA PALABRA LATINA SUPER, QUE SIGNIFICA «POR ENCIMA DE», LO CUAL RESULTA LÓGICO, PUESTO QUE SIGUE A LA TÓNICA. EL TERCER GRADO ES LA MEDIANTE, POR OCUPAR UNA POSICIÓN INTERMEDIA ENTRE LA TÓNICA Y LA DOMINANTE. EL SEXTO GRADO ES LA SUPERDOMINANTE, PORQUE SE ENCUENTRA POR ENCIMA DE LA DOMINANTE. EL SÉPTIMO GRADO ES LA SUBTÓNICA O SENSIBLE.

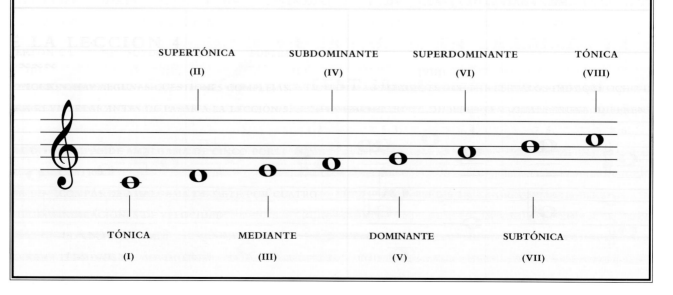

LA ESCALA MENOR MELÓDICA (ASCENDENTE)

Las melodías que utilizan la escala menor armónica presentan la «dificultad» del intervalo de tres semitonos que hay entre los grados 6º y 7º. Para solventar este problema, se puede elevar la superdominante (6º grado) un semitono, creando lo que se conoce como una escala MENOR MELÓDICA.

El patrón de intervalos que define una escala menor melódica es de TONO - SEMITONO - TONO - TONO - TONO - TONO - SEMITONO.

La pista 5/5 del CD muestra el efecto suavizante de la «elevación» del 6º grado de la escala. Compare el sonido de ésta con el de la escala menor armónica de Do que aparece en la parte superior de la página anterior.

▶ 5 / 5

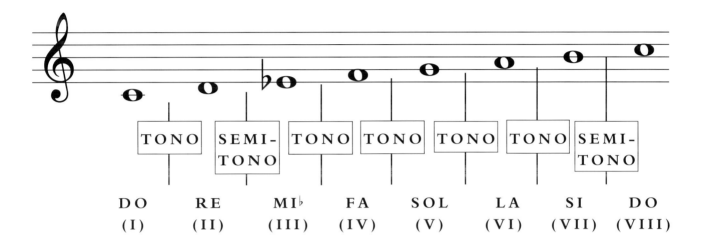

LA ESCALA MENOR MELÓDICA (DESCENDENTE)

Aunque la mayoría de melodías escritas en un tono menor emplean el 6º y el 7º grado elevados en su escala ascendente, esto puede sonar extraño al tocar la descendente. La solución es muy simple: al interpretar la escala menor melódica se toca con las notas del grado 6º y 7º sin alterar, y el efecto es más agradable. Por tanto, aunque el patrón de intervalos descrito anteriormente para la escala menor

melódica es correcto en la escala ascendente, en la descendente hay que adoptar los intervalos de la escala MENOR NATURAL, que es de TONO - TONO - SEMITONO - TONO - TONO - SEMITONO - TONO.

En la pista 5/5 del CD se puede escuchar la escala menor melódica de Do seguida inmediatamente por la escala descendente corregida (en el pentagrama siguiente).

Conviene comprender la diferencia entre ambas escalas.

▶ 5 / 6

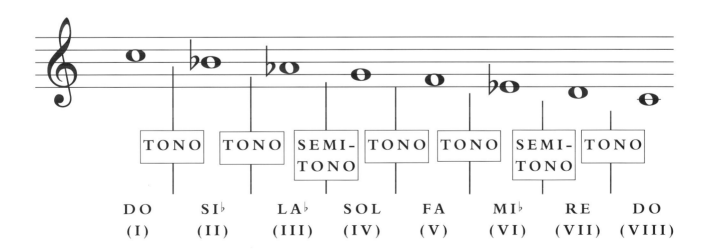

TEST 15

A CONTINUACIÓN MOSTRAMOS SEIS
ESCALAS MENORES. EN CADA CASO SE HAN
ELIMINADO, POR LO MENOS, DOS NOTAS,
QUE HAY QUE ADIVINAR. (DAMOS EL NOMBRE
DE CADA ESCALA.) LAS RESPUESTAS
ESTÁN EN LA P. 122.

EJERCICIO 1. LA MENOR MELÓDICA

EJERCICIO 2. MI MENOR NATURAL

EJERCICIO 3. RE MENOR ARMÓNICA

EJERCICIO 4. SOL MENOR MELÓDICA

EJERCICIO 5. SI MENOR MELÓDICA

EJERCICIO 6. RE MENOR MELÓDICA

DOBLES ALTERACIONES

A estas alturas ya se ha familiarizado con el uso de las ALTERACIONES –los símbolos empleados para elevar o disminuir el tono–. Son el sostenido, el bemol y el becuadro. No obstante, en determinadas situaciones, como en la creación de algunas escalas menores, es necesario elevar una nota que ya era sostenida, o rebajar una nota que ya era bemol. Para hacerlo, utilizamos el DOBLE SOSTENIDO o el DOBLE BEMOL.

El doble bemol se escribe con este símbolo: «♭♭». Tiene el efecto de reducir el tono de la nota en dos semitonos. Un Si♭♭ tiene el mismo tono que un La natural, aunque se-

ría incorrecto escribirla como «La» en ese contexto. El doble sostenido –que aparece escrito con una «x» o con el símbolo musical «𝄪»– funciona de modo parecido, elevando la nota en dos semitonos.

En el ejemplo siguiente tenemos una escala menor melódica de Sol♯. En la armadura ya hay un Fa sostenido, pero esta escala necesita elevar el 7º grado (Fa♯), de forma que la nota se convierte en Fa𝄪. Aunque esta nota suena como un Sol natural, al usar la armadura de Sol♯ menor, las notas que se escriban como «Sol» ya son un Sol♯ por defecto.

Para devolverle a la nota su tono original hay que sustituir el símbolo «doble» por un sostenido o un bemol simple.

TEST 16

〰️〰️〰️〰️

EL CD REPRODUCE OCHO ESCALAS MENORES DIFERENTES EN TONOS DIVERSOS. AVERIGÜE SI LA ESCALA ES MENOR NATURAL, ARMÓNICA O MELÓDICA. FÍJESE ESPECIALMENTE EN LOS INTERVALOS DE LA SUPERDOMINANTE Y LA SUBTÓNICA (LOS GRADOS 6º Y 7º), QUE SON LAS QUE MARCAN LA DIFERENCIA.

1. ▶ 5 / 7   2. ▶ 5 / 8

3. ▶ 5 / 9   4. ▶ 5 / 10

5. ▶ 5 / 11   6. ▶ 5 / 12

7. ▶ 5 / 13   8. ▶ 5 / 14

RESUMEN DE LA LECCIÓN 5

〰️〰️〰️〰️

HE AQUÍ UN RESUMEN DE LOS PUNTOS PRINCIPALES DE LA LECCIÓN.

- LA ESCALA MENOR NATURAL
- RELACIÓN ENTRE TONOS MAYORES Y MENORES
- LAS ARMADURAS DE LOS TONOS MENORES
- LA ESCALA MENOR ARMÓNICA

- EL NOMBRE DE LOS GRADOS
- LA ESCALA MENOR MELÓDICA (ASCENDENTE)
- LA ESCALA MENOR MELÓDICA (DESCENDENTE)
- DOBLES ALTERACIONES

LECCIÓN 6

Intervalos

Un INTERVALO es la distancia entre dos notas. Hay dos tipos diferenciados de intervalos: si las dos notas suenan al mismo tiempo, se denomina INTERVALO ARMÓNICO; si se tocan por separado, es un INTERVALO MELÓDICO. Aunque hay quien define un intervalo armónico como un tipo de acorde, esto técnicamente no es correcto: un acorde requiere tres notas diferentes.

DISTINCIÓN DE LOS INTERVALOS

Observemos los tres pentagramas siguientes. El ejemplo de arriba ilustra un intervalo armónico construido con un Do y un Sol, de tono más agudo. Las notas se tocan al mismo tiempo. El segundo ejemplo muestra un intervalo melódico ascendente que usa las mismas dos notas. En este caso, la nota inferior (Do) se toca antes que la más alta (Sol). El ejemplo al pie de la página ilustra un intervalo melódico descendente en el que la nota aguda suena antes que la nota más grave.

NUMERACIÓN DE LOS INTERVALOS

Tal como hemos estudiado en las lecciones 3, 4 y 5, cada escala está compuesta de una serie de intervalos fijos que se cuentan a partir de la tónica, independientemente del tono que se emplee. Estos intervalos se pueden definir con un ordinal contando el número de grados de la escala que atraviesa a partir de la nota más grave y hasta llegar a la más aguda. Por ejemplo, en tono de Do mayor, el intervalo entre las notas Do y Re se conoce como una SEGUNDA (Re es el segundo grado en la escala de Do mayor). Del mismo modo, el intervalo entre Do y Mi es de una TERCERA, etc. Estos intervalos se escriben con números, con lo que los ejemplos anteriores serían una 2ª y una 3ª.

DEFINICIÓN DE LOS INTERVALOS

Pueden definirse intervalos en cualquier tipo de escala. Por tanto, no siempre basta con hacerlo sólo en razón de la distancia entre las notas. Por ejemplo, las notas que componen un intervalo de tercera en la escala de Do mayor son Do y Mi, pero en una escala de Do menor son Do y Mi♭. Para solucionar este problema, se les añade un sufijo que describe la «calidad» de la relación entre las notas y le da al intervalo una identidad única. En una escala mayor, se usa

ARMÓNICO   ▶ 6 / 1

MELÓDICO ASCENDENTE   ▶ 6 / 2

MELÓDICO DESCENDENTE ▶ 6 / 3

el término «justa» para definir los intervalos de 4ª y 5ª (así como los de 8ª); el resto de intervalos son «mayores». Pero el intervalo entre Do y Mi♭ sería una 3ª menor.

A continuación mostramos todos los intervalos que componen la escala de Do mayor. Obsérvese que hemos incluido también el de octava.   ▶ 6 / 4

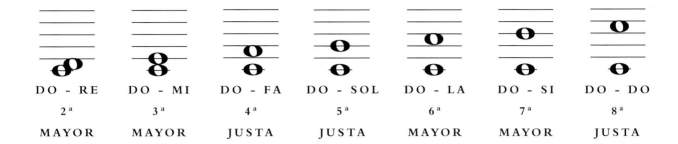

DO - RE	DO - MI	DO - FA	DO - SOL	DO - LA	DO - SI	DO - DO
2ª	3ª	4ª	5ª	6ª	7ª	8ª
MAYOR	MAYOR	JUSTA	JUSTA	MAYOR	MAYOR	JUSTA

TRANSPOSICIÓN DE LOS INTERVALOS

Aunque los intervalos mostrados arriba están compuestos por notas de la escala de Do mayor, los nombres y la relación entre notas son los mismos en cualquier otro tono. Para ilustrar este punto, presentamos la misma serie de intervalos armónicos, esta vez en tono de Sol mayor. El intervalo entre Do y Re (arriba) es idéntico al intervalo entre Sol y La (abajo). Este proceso se llama TRANSPOSICIÓN. Se pueden transponer un grupo de notas hacia arriba o hacia abajo trasladándolas en un intervalo especificado. El efecto que ello tiene es un cambio de tono. En este ejemplo, las notas se han transportado de Do mayor a Sol mayor, lo que equivale a decir que se ha efectuado una transposición de una 5ª justa ascendente. Trataremos la transposición en mayor profundidad al final de esta lección.   ▶ 6 / 5

SOL - LA	SOL - SI	SOL - DO	SOL - RE	SOL - MI	SOL - FA♯	SOL - SOL
2ª	3ª	4ª	5ª	6ª	7ª	8ª
MAYOR	MAYOR	JUSTA	JUSTA	MAYOR	MAYOR	JUSTA

INTERVALOS MELÓDICOS

En el pentagrama siguiente, los siete intervalos en tono de Do mayor que aparecían antes en forma armónica se presentan como una secuencia de intervalos melódicos. Están marcados como siete pares diferenciados, de forma que las dos primeras notas –Do y Re– componen un intervalo de 2ª mayor ascendente, por ejemplo. No obstante, si observamos la segunda y la tercera –de Re a Do– advertiremos que crean un intervalo de 2ª mayor descendente. Este patrón se repite hasta el final de la secuencia. Puede escuchar toda la serie en la pista 6/6 del CD.

▶ 6 / 6

DO - RE	DO - MI	DO - FA	DO - SOL	DO - LA	DO - SI	DO - DO
2ª	3ª	4ª	5ª	6ª	7ª	8ª
MAYOR	MAYOR	JUSTA	JUSTA	MAYOR	MAYOR	JUSTA

INTERPRETACIÓN AUDITIVA DE LOS INTERVALOS ARMÓNICOS

Cuando no se está acostumbrado a oír dos notas diferentes simultáneamente, puede resultar difícil predecir cómo sonarán. Sin embargo, también puede suponer un desafío para el oído no entrenado distinguir las diferentes notas que componen el intervalo. La cuestión se vuelve aún más compleja cuando nos enfrentamos a acordes de tres o más notas. Por ello conviene acostumbrarse al sonido de los intervalos tocados en sus formas melódica y armónica.

Efectúe el experimento siguiente. El primer compás contiene intervalos armónicos; el segundo, melódicos. Si toca la secuencia unas cuantas veces, enseguida percibirá los parecidos entre ambos compases. Con el tiempo y con la práctica conseguirá oír un tipo de intervalo armónico y casi instintivamente podrá determinar la relación existente entre las dos notas.   ▶ 6 / 7

DE MELÓDICO A ARMÓNICO

El siguiente experimento es lo contrario del anterior. El primer compás contiene intervalos melódicos de 3ª mayor; el segundo compás, intervalos armónicos del mismo valor. Empiece por tocar las notas lentamente en una secuencia repetida. Si después toca los dos compases cada vez más rápido, parecerá que las dos notas sueltas del primer compás se «confunden», creando casi la ilusión de que suenan a la vez. Por supuesto, por rápido que sea el movimiento de la música, las notas sueltas nunca se confundirán, pero así tenemos un medio de comparar estos dos tipos de efecto musical.   ▶ 6 / 8

INVERSIÓN DE INTERVALOS

∞∞∞∞

SI TOMAMOS UN INTERVALO DE 5ª JUSTA EN TONO DE DO MAYOR, LAS DOS NOTAS SON DO Y SOL. EN ESTE INTERVALO EL SOL SIEMPRE SERÁ MÁS AGUDO QUE EL DO. PERO, ¿QUÉ SUCEDE SI ELEVAMOS EL TONO DEL DO EN UNA OCTAVA? PODRÍAMOS CREER QUE, AL SER LA MISMA NOTA, EL INTERVALO SIGUE SIENDO EL MISMO, PERO NO ES EL CASO. SI REPASAMOS LOS NOMBRES DE INTERVALO DE LA TONALIDAD DE SOL MAYOR QUE APARECEN EN LA PÁGINA ANTERIOR, OBSERVAREMOS QUE UN INTERVALO ENTRE UN SOL Y UN DO MÁS AGUDO ES UNA 4ª JUSTA. AUNQUE LAS DOS NOTAS SIGAN SONANDO BIEN AL TOCARLAS JUNTAS, EL EFECTO MUSICAL CREADO NO ES EL MISMO. ESTE PROCESO SE CONOCE COMO «INVERSIÓN», Y LO ANALIZAREMOS EN PROFUNDIDAD EN LA SIGUIENTE LECCIÓN.

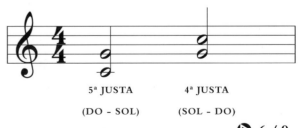

5ª JUSTA   4ª JUSTA
(DO - SOL)   (SOL - DO)

▶ 6 / 9

TEST 17

〰〰〰〰

PRESENTAMOS CINCO EJERCICIOS. CADA UNO CONTIENE OCHO SERIES DE INTERVALOS ARMÓNICOS. SE TRATA DE DEFINIR CADA INTERVALO. PARA DIFICULTAR AÚN MÁS LAS COSAS, SE HAN UTILIZADO TONOS DIFERENTES. EN PRIMER LUGAR SE HAN DE IDENTIFICAR LAS DOS NOTAS. SEGUIDAMENTE, SE DEBE TOMAR LA NOTA INFERIOR COMO TÓNICA DE UNA ESCALA MAYOR Y CONTAR EL NÚMERO DE GRADOS HASTA LLEGAR A LA NOTA SUPERIOR. DADO QUE TODOS LOS EJEMPLOS SON DE ESCALAS MAYORES, LAS RESPUESTAS SIEMPRE SERÁN UNA DE LAS SIGUIENTES: 2ª MAYOR, 3ª MAYOR, 4ª JUSTA, 5ª JUSTA, 6ª MAYOR, 7ª MAYOR U 8ª JUSTA. PARA QUE EL DESAFÍO SEA MAYOR, <u>LAS NOTAS DE LOS EJERCICIOS 33 A 40 ESTÁN EN CLAVE DE FA.</u>

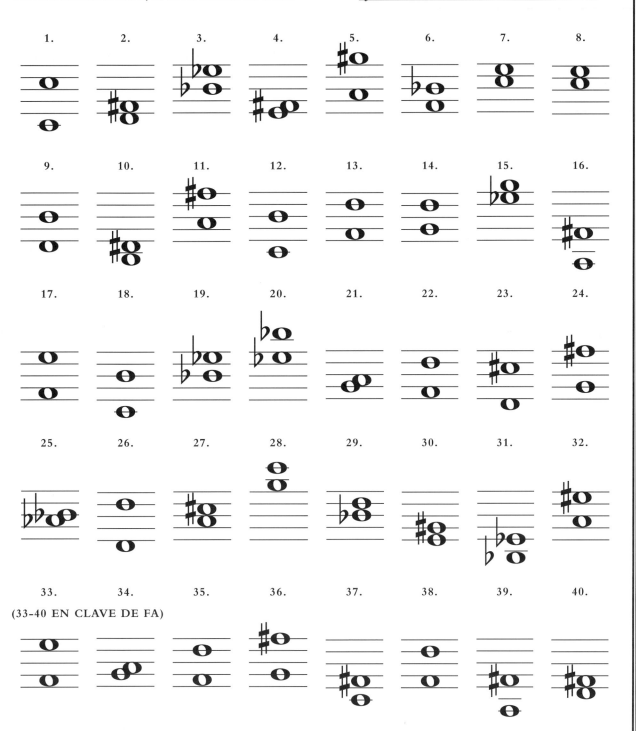

(33-40 EN CLAVE DE FA)

INTERVALOS EN TONOS MENORES

Los grados 1º, 2º, 4º, 5º y 8º son los mismos en todas las escalas diatónicas. No obstante, en los tonos menores, el grado 3º siempre está rebajado y el 6º y el 7º varían dependiendo del tipo de escala menor que se use y, en el caso de la escala menor melódica, de si es ascendente o descendente. De modo que, a la hora de definir los intervalos de una escala menor, se requieren tres nuevos calificativos. Los intervalos de 3, 6 y 7 grados con el grado respectivo rebajado son intervalos de 3ª MENOR, 6ª MENOR Y 7ª MENOR, respectivamente.

En el siguiente pentagrama mostramos toda la serie de intervalos diatónicos de estas escalas. Asimismo, en el recuadro de la derecha aparece una lista completa de los intervalos para cada grado de las cuatro escalas diatónicas.   ▶ 6 / 10

INTERVALOS
DE LAS ESCALAS
∞∞∞∞

MAYOR	MENOR NATURAL	MENOR ARMÓNICA	MENOR MELÓDICA
			(ASCENDENTE)
UNÍSONO	UNÍSONO	UNÍSONO	UNÍSONO
2ª M	2ª M	2ª M	2ª M
3ª M	3ª m	3ª m	3ª m
4ª J	4ª J	4ª J	4ª J
5ª J	5ª J	5ª J	5ª J
6ª M	6ª m	6ª m	6ª M
7ª M	7ª m	7ª M	7ª M
8ª J	8ª J	8ª J	8ª J

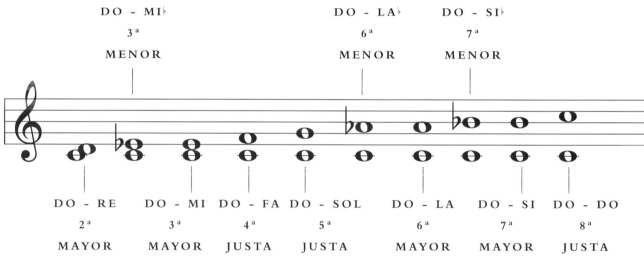

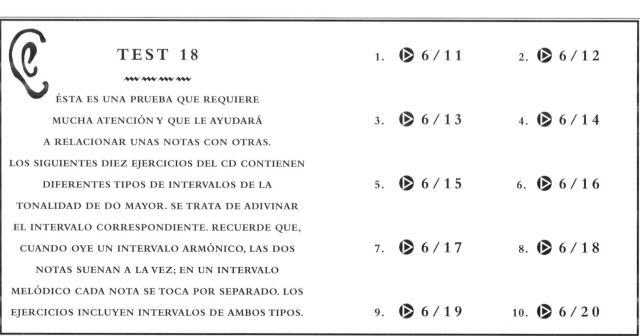

TEST 18
ᨆᨆ ᨆᨆ ᨆᨆ ᨆᨆ

ÉSTA ES UNA PRUEBA QUE REQUIERE
MUCHA ATENCIÓN Y QUE LE AYUDARÁ
A RELACIONAR UNAS NOTAS CON OTRAS.
LOS SIGUIENTES DIEZ EJERCICIOS DEL CD CONTIENEN
DIFERENTES TIPOS DE INTERVALOS DE LA
TONALIDAD DE DO MAYOR. SE TRATA DE ADIVINAR
EL INTERVALO CORRESPONDIENTE. RECUERDE QUE,
CUANDO OYE UN INTERVALO ARMÓNICO, LAS DOS
NOTAS SUENAN A LA VEZ; EN UN INTERVALO
MELÓDICO CADA NOTA SE TOCA POR SEPARADO. LOS
EJERCICIOS INCLUYEN INTERVALOS DE AMBOS TIPOS.

1. ▶ 6 / 11   2. ▶ 6 / 12

3. ▶ 6 / 13   4. ▶ 6 / 14

5. ▶ 6 / 15   6. ▶ 6 / 16

7. ▶ 6 / 17   8. ▶ 6 / 18

9. ▶ 6 / 19   10. ▶ 6 / 20

INTERVALOS CROMÁTICOS

Todos los intervalos que no son diatónicos –que no forman parte de las escalas mayor o menor– se denominan CROMÁTICOS. Probablemente haya observado que hay dos intervalos posibles que no aparecen en la página anterior. Estos intervalos –Do a Re♭ y Do a Fa♯– son cromáticos porque no aparecen en las escalas mayor o menor de la tonalidad de Do.

Fijémonos en el primero de estos intervalos cromáticos –Do a Re♭–, que podemos definir como una SEGUNDA MENOR. Pero ello nos plantea una nueva cuestión: si en vez de la nota superior del intervalo usáramos su equivalente enarmónico, el Do♯, ¿hablaríamos aún de una segunda menor? En realidad, a pesar de que las dos notas tienen un sonido idéntico, el intervalo adopta un nuevo nombre. Dado que el Do♯ es el mismo Do elevado en un semitono, se trata de un intervalo de primera, pero necesitamos una nueva descripción para el intervalo creado de este modo. Para ello a ese intervalo de primera se le califica de AUMENTADO. Pero cuando el intervalo es entre dos notas Do idénticas, en vez de ser de 1ª, tal como parecería lógico, es un UNÍSONO. Así, aunque los intervalos entre Do y Re♭ y Do y Do♯ suenen idénticos, toman dos nombres diferentes en función de su uso: de Do a Re♭ es una SEGUNDA MENOR y de Do a Do♯ es una PRIMERA AUMENTADA. De hecho, el intervalo entre Do y Do♯ se suele denominar «semitono cromático» porque no se emplea en ninguna escala diatónica; por otra parte, de Do a Re♭, aun siendo un intervalo cromático en tono de Do mayor, *sí* que aparece en otros tonos diatónicos (La♭ mayor y Fa mayor y sus armónicos menores, por ejemplo). Por ello se le denomina «semitono diatónico».

El efecto opuesto al de aumentar un intervalo es el de hacerlo DISMINUIDO, con lo que rebajamos la nota superior en un semitono.

TODOS LOS INTERVALOS

Ahora ya conocemos todos los «calificativos» que se usan para describir los intervalos entre dos grados distintos de cualquier tipo de escala. Son: justo, mayor, menor, aumentado y disminuido.

Los intervalos de 2ª, 3ª, 6ª y 7ª pueden ser disminuidos, menores, mayores o aumentados; los intervalos de 1ª, 4ª, 5ª y 8ª sólo pueden ser disminuidos, justos o aumentados.

ESCRITURA ABREVIADA DE LOS INTERVALOS

∞∞∞

PARA FACILITAR LA ESCRITURA, ALGUNOS INTERVALOS SE PUEDEN ABREVIAR MEDIANTE UNA SERIE DE SÍMBOLOS. GENERALMENTE LOS TÉRMINOS «MAYOR» Y «MENOR» SE ABREVIAN CON UNA «M» MAYÚSCULA Y UNA «m» MINÚSCULA RESPECTIVAMENTE, Y EN OCASIONES SE EMPLEAN ABREVIATURAS PARA «JUSTA» («J»), «DISMINUIDA» («DISM.») Y AUMENTADA («AUM.»). EN PARTITURAS PROCEDENTES DE OTROS PAÍSES PODEMOS ENCONTRAR TODA UNA NOTACIÓN PARTICULAR PARA ESTOS INTERVALOS, QUE SEÑALA LOS INTERVALOS MAYORES Y JUSTOS CON NÚMEROS ROMANOS, LOS MENORES CON ESOS MISMOS NÚMEROS EN LETRAS MINÚSCULAS, LOS AUMENTADOS CON UN «+» Y LOS DISMINUIDOS CON UN «°». A CONTINUACIÓN VEMOS AMBOS SISTEMAS:

1ª J - UNÍSONO - I

2ª DISM. - SEGUNDA DISMINUIDA - II°

2ª m - SEGUNDA MENOR - II

2ª M - SEGUNDA MAYOR - II

3ª DISM. - TERCERA DISMINUIDA - III°

3ª m - TERCERA MENOR - III

3ª M - TERCERA MAYOR - III

3ª AUM. - TERCERA AUMENTADA - III+

4ª DISM. - CUARTA DISMINUIDA - IV°

4ª J - CUARTA JUSTA - IV

4ª AUM. - CUARTA AUMENTADA - IV+

5ª DISM. - QUINTA DISMINUIDA - V°

5ª J - QUINTA JUSTA - V

5ª AUM. - QUINTA AUMENTADA - V+

6ª DISM. - SEXTA DISMINUIDA - VI°

6ª m - SEXTA MENOR - VI

6ª M - SEXTA MAYOR - VI

6ª AUM. - SEXTA AUMENTADA - VI+

7.ª DISM. - SÉPTIMA DISMINUIDA - VII°

7ª m - SÉPTIMA MENOR - VII

7ª M - SÉPTIMA MAYOR - VII

7ª AUM. - SÉPTIMA AUMENTADA - VII+

8ª J - OCTAVA JUSTA - VIII

LA GAMA COMPLETA DE INTERVALOS

En la relación siguiente se muestra la gama completa de intervalos de la tonalidad de Do. Hemos unido los equivalentes enarmónicos con una línea –la 4ª aumentada entre Do y Fa♯ suena igual que la 5ª disminuida entre Do y Sol♭. Observese también que usamos el símbolo de doble bemol (♭♭). En el caso de la 2ª menor, dado que la nota superior de este intervalo ya se ha rebajado, al hacerlo de nuevo es necesario un segundo bemol. En realidad, el Re♭♭ suena igual que el Do.

Existen otros intervalos posibles dentro de una sola oc-

tava, que requerirían el calificativo de «doble aumentada» o «doble disminuida», pero su uso es poco frecuente.

Podemos resumir las normas de nomenclatura de los intervalos en estas cuatro sencillas reglas:

• Elevando un intervalo mayor o justo en un semitono creamos un intervalo AUMENTADO.

• Elevando un intervalo menor en un semitono creamos un intervalo MAYOR.

• Disminuyendo un intervalo menor o justo en un semitono creamos un intervalo DISMINUIDO.

• Disminuyendo un intervalo mayor en un semitono creamos un intervalo MENOR.

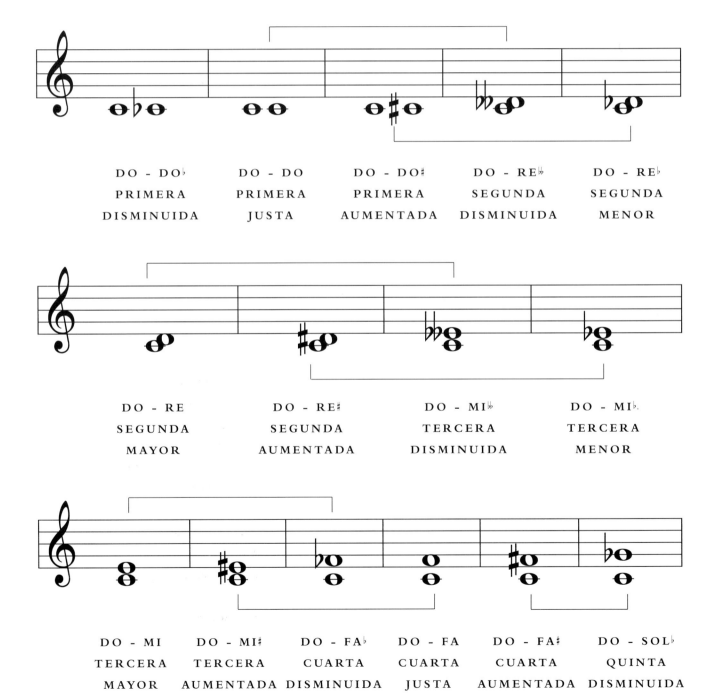

TEST 19

A CONTINUACIÓN PRESENTAMOS VEINTE PARES DE NOMBRES DE NOTA. ¿QUÉ INTERVALOS FORMAN?

ENCONTRARÁ LAS RESPUESTAS EN LA P. 122.

1. SOL A LA	2. SOL A RE♯	3. RE♭ A LA♭	4. LA A SI
5. SI A FA♯	6. RE♯ A LA	7. SOL♭ A DO	8. RE A FA
9. FA♯ A LA	10. FA A SOL♭	11. DO A SOL♯	12. SI A FA
13. SI♭ A SOL♭	14. DO A LA♭	15. SI♭ A RE♭	16. FA A SI
17. RE♭ A DO	18. LA♭ A RE♭	19. MI♭ A DO	20. LA A LA♭

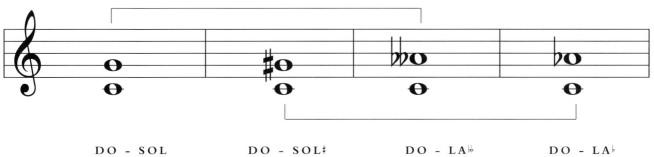

DO - SOL	DO - SOL♯	DO - LA♭♭	DO - LA♭
QUINTA	QUINTA	SEXTA	SEXTA
JUSTA	AUMENTADA	DISMINUIDA	MENOR

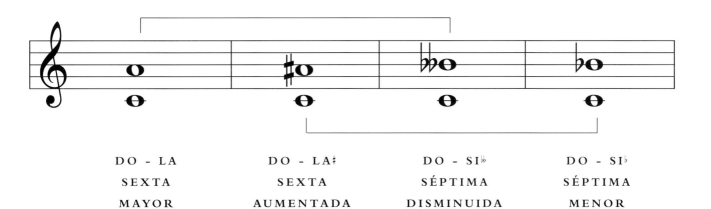

DO - LA	DO - LA♯	DO - SI♭♭	DO - SI♭
SEXTA	SEXTA	SÉPTIMA	SÉPTIMA
MAYOR	AUMENTADA	DISMINUIDA	MENOR

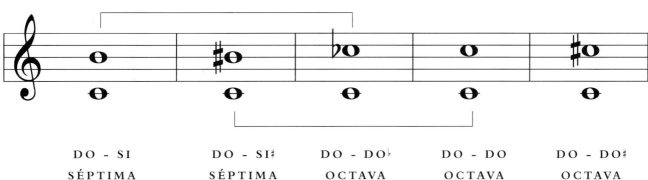

DO - SI	DO - SI♯	DO - DO♭	DO - DO	DO - DO♯
SÉPTIMA	SÉPTIMA	OCTAVA	OCTAVA	OCTAVA
MAYOR	AUMENTADA	DISMINUIDA	JUSTA	AUMENTADA

INTERVALOS COMPUESTOS

Hasta ahora, en esta lección hemos analizado intervalos dentro de una misma octava. Pero los intervalos también se pueden ampliar más allá de la octava. Estos intervalos se conocen como INTERVALOS COMPUESTOS. Su nomenclatura sigue exactamente los mismos principios aplicables a los intervalos simples, sólo que los números son mayores de ocho, lo que puede resultar algo confuso, puesto que podría creerse que el valor del intervalo compuesto es el del intervalo simple más ocho —el número de notas de la octava—, pero no es así, dado que la octava utiliza las mismas notas que la primera, lo que significa que, si subimos un grado, llega-

mos a una novena, que en tono de Do es Do - Re (las mismas notas que en una segunda). Por tanto, lo que se suma es siete. Si seguimos contando hacia arriba llegaremos a una 15ª, que usa las mismas notas que la octava (15 - 7 = 8).

Los intervalos compuestos emplean calificativos idénticos a los simples. Así, del mismo modo que un intervalo entre Do y Mi es una 3ª mayor, el intervalo entre un Do y el Mi superior a la octava es una 10ª mayor. En el pentagrama siguiente reproducimos intervalos compuestos comprendidos en dos octavas. Entender cómo funcionan los intervalos es fundamental en muchos aspectos de la música, como la construcción de los acordes.

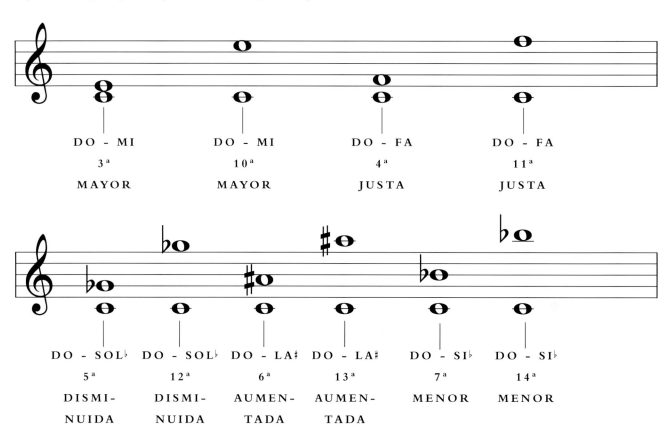

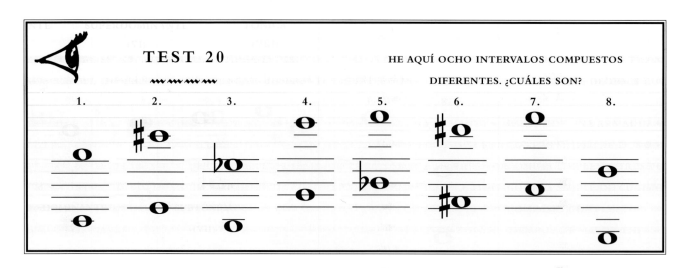

TRANSPOSICIÓN

Mediante la TRANSPOSICIÓN trasladamos una serie de notas a un tono superior o inferior. Para que el procedimiento sea correcto, TODAS las notas de la pieza deben transponerse por igual —es decir, el intervalo que se les suma o se les resta ha de ser siempre el mismo—. Con anterioridad, ya hemos encontrado un ejemplo de transposición, cuando hemos estudiado los intervalos armónicos de Sol mayor a partir de los de Do mayor. En aquel caso, transportamos la secuencia de notas una 5ª perfecta. Cualquier secuencia de notas puede transportarse hacia arriba o hacia abajo en la medida de cualquier intervalo.

Observemos los dos ejemplos siguientes: el primer pentagrama es una melodía simple en la tonalidad de Do mayor. Justo debajo se reproduce la misma pieza transportada una tercera mayor hacia arriba. Compare cada una de las notas de ambas secuencias. Advertirá que en todos los casos hay un intervalo de tercera mayor entre los pares de notas equivalentes.

Del mismo modo, los intervalos melódicos entre cada una de las notas de una misma secuencia se mantienen estables. Si nos fijamos las dos primeras notas de la primera secuencia, nos percataremos de que el intervalo entre Do y Mi es una tercera mayor. Ahora observemos las dos primeras notas de la segunda secuencia: el intervalo entre Mi y Sol♯ también es una tercera mayor.

Escuche los dos siguientes fragmentos, en el CD.   ▶ 6 / 21

DO   MI   SOL FA   MI   RE   MI   DO   DO

MI   SOL♯   SI   LA SOL♯ FA♯   SOL♯   MI   MI

TRANSPOSICIÓN DESCENDENTE

También se puede transportar una pieza musical rebajando el tono. Este ejemplo es el mismo de la pieza anterior, pero transportado una 3ª menor HACIA ABAJO, de modo que la primera nota de la secuencia pasa de ser un Do a ser un La. También en este caso, si analizamos el intervalo melódico entre las dos primeras notas —La y Do♯— comprobaremos que sigue siendo de una 3ª mayor.

La transposición tiene múltiples aplicaciones. Se puede usar para «adaptar» una partitura al registro de la voz de un cantante. Cuando se realizan arreglos en un conjunto de música, hay que tener en cuenta que algunos instrumentos, como la trompeta, transportan de forma automática: cuando un trompetista toca una nota escrita como Do, el sonido que se oye es el de un Si♭ (véase pág. 100).   ▶ 6 / 22

LA   DO♯   MI   RE DO♯ SI   DO♯   LA   LA

CAMBIOS DE ARMADURA

Si se transporta una pieza musical, la armadura cambia automáticamente. Al transportar una pieza escrita en Do mayor hacia arriba una 3ª mayor —como en el ejemplo de la página anterior— el tono cambia de Do mayor a Mi mayor. Del mismo modo, al transportar la secuencia original una 3ª mayor hacia abajo el tono cambia de Do mayor a La mayor. En estos ejemplos hemos escrito las transposiciones resultantes completas para mostrar el efecto de forma clara. Para ser técnicamente correctos, la nueva notación debería incluir las dos armaduras —indicándolas al inicio del pentagrama—.

Tal como se puede observar en los pentagramas modificados que presentamos a continuación, ya no es necesario escribir las alteraciones de las armaduras —en estos casos, los sostenidos— cada vez que aparece una nota alterada. El primer ejemplo muestra la notación correcta en tono de Mi mayor, con sus cuatro «sostenidos» al inicio de la línea. De este modo, no hace falta indicar el sostenido en cada nota Fa o Sol que aparezca —la armadura ya le indica al intérprete que, a menos que se señala lo contrario, las notas Fa, Do, Sol y Re siempre son sostenidos—. El segundo ejemplo también muestra el tono de La mayor correctamente, con sus tres sostenidos.

Si todavía no le resulta comprensible el funcionamiento de las armaduras, vuelva a repasar el final de la lección 4.

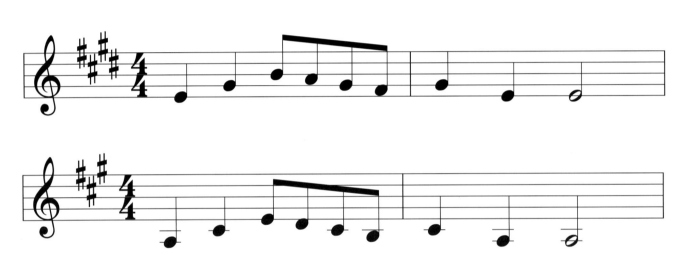

CONSONANCIAS Y DISONANCIAS

∞∞∞∞

TAL COMO HEMOS PODIDO COMPROBAR A LO LARGO DE ESTA LECCIÓN, ES EVIDENTE QUE ALGUNOS INTERVALOS ARMÓNICOS «FUNCIONAN» MEJOR QUE OTROS. LOS TÉRMINOS MUSICALES QUE DESCRIBEN ESTE TIPO DE EFECTO SON CONCORDANCIA Y DISCORDANCIA. AUNQUE ESTAS PALABRAS SE UTILIZAN A VECES DE MANERA MUY GENÉRICA PARA DECIR SI UNA PIEZA ES AGRADABLE AL OÍDO O NO, EN TEORÍA DE LA MÚSICA TIENEN UN SIGNIFICADO MUY ESPECÍFICO.

TODOS LOS INTERVALOS SE PUEDEN DEFINIR COMO CONSONANTES O DISONANTES. HAY DOS CATEGORÍAS DIFERENCIADAS DE CONSONANCIA.

LAS CONSONANCIAS PERFECTAS SON LOS INTERVALOS «JUSTOS» DE 1ª, 4ª, 5ª Y 8ª. LAS CONSONANCIAS IMPERFECTAS SON LOS INTERVALOS DE 3ª Y DE 6ª MAYORES Y MENORES. EL RESTO DE INTERVALOS, INCLUIDOS TODOS LOS QUE SON AUMENTADOS O DISMINUIDOS, SE CONSIDERAN DISONANTES. LAS CONCORDANCIAS Y DISONANCIAS SE SUELEN ANALIZAR SEGÚN SU «ESTABILIDAD» MUSICAL. LOS INTERVALOS DISONANTES SE CONSIDERAN INESTABLES EN ESENCIA, PUESTO QUE PARECEN NECESITAR QUE UNA O LAS DOS NOTAS SE ELEVEN O SE REBAJEN EN UN SEMITONO PARA «RESOLVERSE». ESTE CONCEPTO SE COMPLICA UN POCO CON LA 4ª JUSTA QUE, AUN SIENDO UNA CONSONANCIA PERFECTA, EN ALGUNOS CONTEXTOS PUEDE SER DISONANTE.

TEST 21

A CONTINUACIÓN MOSTRAMOS DIEZ COMPASES. EN CADA CASO HAY QUE TRANSPORTARLOS A UN INTERVALO ESPECÍFICO O A UN TONO CONCRETO

(SEGÚN LA INDICACIÓN QUE APARECE JUNTO AL NÚMERO DE EJERCICIO). RECUERDE QUE AL CAMBIAR DE TONO SERÁ NECESARIO DAR UNA NUEVA ARMADURA A LA TRANSPOSICIÓN RESULTANTE.

1. 3ª MAYOR SUPERIOR

6. 3ª MAYOR INFERIOR

2. 7ª MENOR INFERIOR

7. A LA MAYOR

3. A DO MAYOR

8. 2ª MENOR SUPERIOR

4. 4ª JUSTA SUPERIOR

9. 5ª JUSTA SUPERIOR

5. 5ª JUSTA INFERIOR

10. 2ª MENOR INFERIOR

RESUMEN DE LA LECCIÓN 6

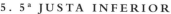

HE AQUÍ UN RESUMEN DE LOS PRINCIPALES PUNTOS DE LA LECCIÓN. SI TIENE DUDAS SOBRE ALGUNO DE ESTOS TEMAS, REPÁSELOS ANTES DE INICIAR LA LECCIÓN 7.

- INTERVALOS ARMÓNICOS
- INTERVALOS MELÓDICOS
- NOMENCLATURA DE LOS INTERVALOS DIATÓNICOS
- INVERSIÓN DE INTERVALOS
- NOMENCLATURA DE LOS INTERVALOS CROMÁTICOS

- INTERVALOS COMPUESTOS
- TRANSPOSICIÓN
- CAMBIOS DE ARMADURA
- CONCORDANCIAS
- DISCORDANCIAS

LECCIÓN 7

Armonía

La música se suele dividir tres partes: ritmo, melodía y armonía. Hay que hacer una distinción importante entre estos dos últimos elementos. La melodía se refiere a la disposición deliberada de una serie de tonos —la melodía de una canción, por ejemplo—. La armonía se ocupa de los tonos que suenan a la vez. Cuando suenan tres o más notas al unísono, el efecto creado es un ACORDE.

TRÍADAS

La forma más simple de acorde es una TRÍADA. El nombre «tríada» se debe a que este tipo de acorde comprende tres notas. Las tríadas se componen de una nota base o fundamental y otras dos que forman unos intervalos específicos. Las tres notas siempre son la tónica, la tercera y la quinta superiores. Esto, como ya hemos estudiado en la lección anterior, plantea un problema, puesto que esta definición de los intervalos no es unívoca; por lo tanto, tenemos que decidir qué tipo de intervalo de 3ª y de 5ª queremos usar.

Hay cuatro tipos diferentes de tríada, y cada una de ellas emplea terceras y quintas de distintos «tipos». La TRÍADA MAYOR se compone de la fundamental, una 3ª mayor y una 5ª justa. En tono de Do, tal como se muestra a la derecha, se usan las notas Do, Mi y Sol. Esta combinación de notas se suele denominar acorde de DO MAYOR.

La TRÍADA MENOR está compuesta por la fundamental, una 3ª menor y una 5ª justa. En tono de Do, emplea las notas Do, Mi♭ y Sol. Este acorde se suele denominar simplemente DO MENOR.

La TRÍADA DISMINUIDA está compuesta por la fundamental, un intervalo de 3ª menor y otro de 5ª disminuida. En tono de Do mayor, las notas usadas son Do, Mi♭ y Sol♭.

Por último, la TRÍADA AUMENTADA comprende la fundamental, la 3ª mayor y la 5ª aumentada. En Do mayor, se compone de las notas Do, Mi y Sol♯.

TRÍADA DE DO MAYOR

SOL - 5ª JUSTA
MI - 3ª MAYOR
DO - FUNDAMENTAL

▶ 7 / 1

TRÍADA DE DO MENOR

SOL - 5ª JUSTA
MI♭ - 3ª MENOR
DO - FUNDAMENTAL

▶ 7 / 2

TRÍADA DE DO DISMINUIDA

SOL♭ - 5ª DISMINUIDA
MI♭ - 3ª MENOR
DO - FUNDAMENTAL

▶ 7 / 3

TRÍADA DE DO AUMENTADA

SOL♯ - 5ª AUMENTADA
MI - 3ª MAYOR
DO - FUNDAMENTAL

▶ 7 / 4

TRÍADAS EN UNA ESCALA MAYOR

El aspecto más importante de la teoría armónica es cómo suenan los acordes cuando se tocan juntas sus diferentes notas, lo cual condiciona la mayor parte de la expresión musical occidental. Como ya sabemos la relación entre las notas de una escala diatónica, la forma más efectiva de mostrar la correspondencia entre los acordes es construir una serie de tríadas a partir de una escala diatónica mayor.

El pentagrama siguiente muestra una escala de acordes. Pero aunque es una escala mayor, observamos que no está compuesta sólo de tríadas mayores. En realidad, también se incluyen tríadas menores y disminuidas.

Toque esta secuencia o escúchela en el CD. Advierta cómo se suceden apaciblemente las tríadas y cómo el 7º grado (el acorde de Si disminuido) nos lleva de forma suave de nuevo al de Do mayor.   ▶ 7 / 5

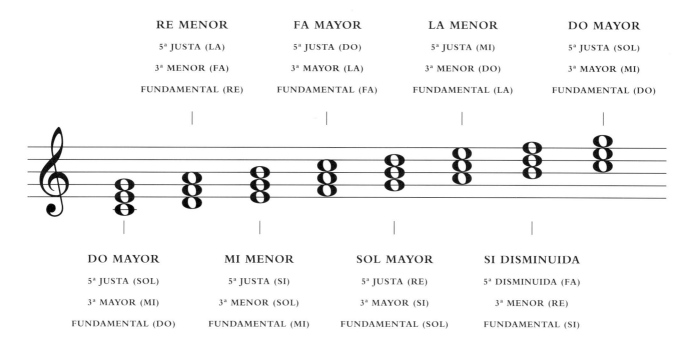

RE MENOR
5ª JUSTA (LA)
3ª MENOR (FA)
FUNDAMENTAL (RE)

FA MAYOR
5ª JUSTA (DO)
3ª MAYOR (LA)
FUNDAMENTAL (FA)

LA MENOR
5ª JUSTA (MI)
3ª MENOR (DO)
FUNDAMENTAL (LA)

DO MAYOR
5ª JUSTA (SOL)
3ª MAYOR (MI)
FUNDAMENTAL (DO)

DO MAYOR
5ª JUSTA (SOL)
3ª MAYOR (MI)
FUNDAMENTAL (DO)

MI MENOR
5ª JUSTA (SI)
3ª MENOR (SOL)
FUNDAMENTAL (MI)

SOL MAYOR
5ª JUSTA (RE)
3ª MAYOR (SI)
FUNDAMENTAL (SOL)

SI DISMINUIDA
5ª DISMINUIDA (FA)
3ª MENOR (RE)
FUNDAMENTAL (SI)

UNA RELACIÓN ESPECIAL

Las tríadas de la escala mayor también pueden tomar el nombre de los grados sobre los que se construyen. En el ejemplo anterior, la de Do mayor, en el 1er grado, puede denominarse TRÍADA TÓNICA. Del mismo modo, la de 2º grado puede llamarse tríada SUPERTÓNICA, etc. (véase la pág. 52 si queda alguna duda sobre el resto de nombres).

Los propios grados se pueden emplear como una especie de descripción taquigráfica. Así, en tono de Do, un acorde «V» es el de Sol mayor (la TRÍADA DOMINANTE) porque se construye a partir del 5º grado. Este enfoque a

veces se usa en notaciones informales, donde un «uno - cuatro - cinco en Sol» significaría un acorde desarrollado sobre la progresión de Sol mayor («I»), Do mayor («IV») y Re mayor («V»).

Por lo que se ha explicado hasta el momento es posible que haya detectado la relación tan especial que hay entre los grados 1º, 4º y 5º —no es casualidad que se les denomine «intervalos perfectos»—. La importancia de esta relación se evidencia cada vez más cuanto más sabemos de armonía. En realidad, las tríadas «I», «IV» y «V» también se denominan TRÍADAS PRIMARIAS.   ▶ 7 / 6

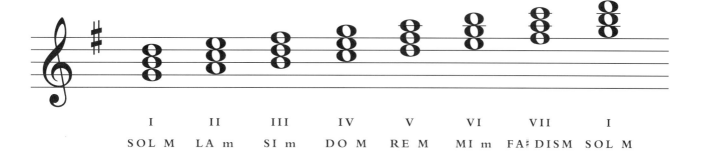

I	II	III	IV	V	VI	VII	I
SOL M	LA m	SI m	DO M	RE M	MI m	FA♯ DISM	SOL M

TRÍADAS MENORES

También se pueden construir tríadas a partir de cada grado de una escala menor, no obstante, esto es más complejo debido a las diferencias entre las escalas menores natural, melódica y armónica, por lo que las tríadas pueden ser muy variadas. Realmente, con la excepción de la tríada tónica, todos los demás grados ofrecen diferentes opciones.

Mostramos aquí todas las posibilidades en Do menor. También se puede escuchar la pista 7/7 del CD. La escala se presenta con las tríadas mayores, menores, disminuidas y aumentadas complementarias.

▶ 7 / 7

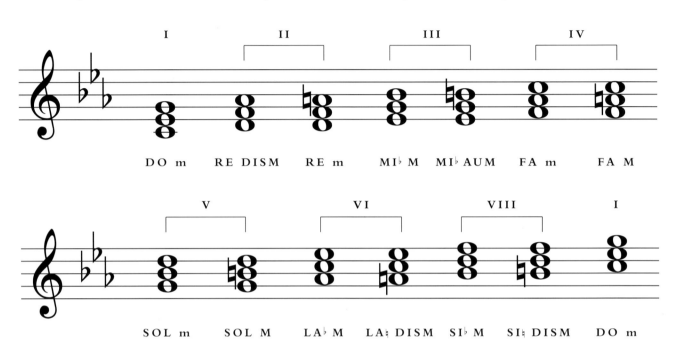

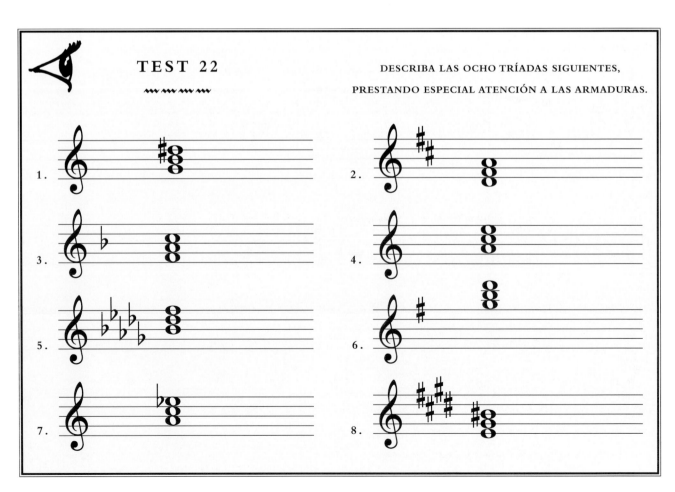

DESCOMPOSICIÓN DE LAS TRÍADAS

Con el fin de que se acostumbre a los diferentes sonidos que componen los cuatro tipos de tríada en primer lugar tiene que familiarizarse con el sonido de los intervalos que existen entre las notas que crean las tríadas. El siguiente ejercicio es una variación algo más avanzada de los ejercicios de interpretación auditiva de la lección 6.

Cada uno de los cuatro párrafos siguientes contiene una tríada de Do distinta. En el primer compás la tríada se descompone en una serie de intervalos melódicos; en el segundo compás las notas se presentan en forma de tríada.

Si repetimos cada secuencia unas cuantas veces enseguida relacionaremos el sonido que producen los intervalos melódicos con el de las tres notas tocadas a la vez. Del mismo modo, tocando los cuatro ejemplos como una sola secuencia de ocho compases interiorizaremos los contrastes entre cada tríada (así es como se presentan en el CD).

Para facilitar la comparación, las cuatro tríadas se presentan en tono de Do mayor. En la práctica, lo más probable sería que, tanto la tríada menor como la disminuida, se presentaran con la armadura de Do menor. ▶ 7 / 8

MAYOR

MENOR

DISMINUIDA

AUMENTADA

TEST 23

⋙ ⋙ ⋙ ⋙

ESCUCHE LAS SEIS PISTAS SIGUIENTES

DEL CD. CADA UNA CORRESPONDE A UNA TRÍADA.

EL EJERCICIO TRATA DE NOMBRAR EL TIPO

DE TRÍADA. PARA HACERLO MÁS DIFÍCIL, LAS

TRÍADAS SE INTERPRETAN EN TONOS DIFERENTES.

1. ▶ 7 / 9   2. ▶ 7 / 10

3. ▶ 7 / 11   4. ▶ 7 / 12

5. ▶ 7 / 13   6. ▶ 7 / 14

INVERSIONES

Las tríadas que hemos estudiado hasta el momento se tocaban todas siguiendo una secuencia estricta en la que la fundamental, la 3ª y la 5ª seguían una progresión ascendente, pero no siempre tiene por qué ser así. ¿Qué pasaría, por ejemplo, si construyéramos una tríada mayor a partir de la Fundamental (Do) POR ENCIMA de la 3ª y de la 5ª? Dado que ahora la nota más grave es un Mi, ¿significa eso que hemos pasado al tono de Mi? La respuesta es que sigue siendo una tríada de Do. No obstante, si escuchamos las dos tríadas tocadas a la vez, observaremos que el sonido que producen tiene un énfasis distinto. Por así decirlo, suenan igual pero algo «diferente».

Se usa el término INVERSIÓN para describir las tríadas que sufren este cambio. Una tríada que tenga por nota más grave la 3ª se dice que está en PRIMERA INVERSIÓN. La misma tríada puede reestructurarse de modo que la 5ª quede en la voz más baja. Esta forma se conoce como SEGUNDA INVERSIÓN.

Se puede escuchar cómo cambia la tríada con las dos inversiones en la pista 7/15 del CD. El resultado aparece en el pentagrama siguiente.   ▶ **7 / 15**

TRÍADA DE DO MAYOR (ESTADO FUNDAMENTAL)

TRÍADA DE DO MAYOR (PRIMERA INVERSIÓN)

TRÍADA DE DO MAYOR (SEGUNDA INVERSIÓN)

SOL - 5ª JUSTA
MI - 3ª MAYOR
DO - FUNDAMENTAL

DO - FUNDAMENTAL
SOL - 5ª JUSTA
MI - 3ª MAYOR

MI - 3ª MAYOR
DO - FUNDAMENTAL
SOL - 5ª JUSTA

INVERSIÓN E INTERVALOS

Un aspecto algo confuso para los principiantes cuando se trabaja con inversiones de tríadas es el de los nuevos intervalos creados. Sabemos que una tríada de Do mayor se construye con la fundamental (Do), la 3ª mayor (Mi) y la 5ª justa (Sol), con las notas en progresión ascendente. Sin embargo, en su primera inversión, el Do mayor se convierte en 3ª mayor (Mi), 5ª justa (Sol) y fundamental, lo que significa que los intervalos entre las dos notas más altas han cambiado de una 3ª (Mi a Sol) a una 4ª (Sol a Do). ¿Significa eso que los intervalos que definen una tríada no siempre son estables? No, la respuesta es simplemente que, cuando hablamos de la 3ª y la 5ª existente entre las notas de cualquiera de las formas de tríada, SIEMPRE nos referimos a los intervalos como si estuvieran en estado fundamental.

NOMENCLATURA DE LAS INVERSIONES

∿∿∿∿

LOS NOMBRES ABREVIADOS QUE SE LES DA A LAS TRÍADAS FORMADAS EN UNA ESCALA SE PUEDEN EXTENDER TAMBIÉN A LAS INVERSIONES. A LOS NÚMEROS ROMANOS SE LES AÑADE UNA «a» MINÚSCULA PARA INDICAR LA POSICIÓN FUNDAMENTAL; «b» PARA SEÑALAR LA PRIMERA INVERSIÓN, Y «c» PARA SEÑALAR LA SEGUNDA INVERSIÓN. DE ESTE MODO,

«IIa» ES EL ESTADO FUNDAMENTAL DE LA TRÍADA SUPERTÓNICA, «IVb» ES LA PRIMERA INVERSIÓN DE LA TRÍADA SUBDOMINANTE Y «VIIc» ES LA SEGUNDA INVERSIÓN DE LA TRÍADA SUBTÓNICA. EN TONO DE DO, ESTAS TRÍADAS SON RE MENOR, FA MAYOR Y SI DISMINUIDA RESPECTIVAMENTE.

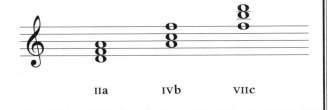

IIa   IVb   VIIc

TRÍADAS ABIERTAS

Independientemente del tipo de inversión aplicada, cada una de las tríadas estudiadas hasta ahora puede decirse que está en POSICIÓN CERRADA. Ello significa que todas las notas de la tríada están agrupadas en la posición más próxima posible entre ellas. Las tríadas también se pueden agrupar en POSICIÓN ABIERTA, de forma que haya un intervalo de más de una octava entre la nota más alta y la más baja.

Si tomamos una tríada de Sol mayor en estado fundamental y elevamos la 3ª (Si) en una octava, aunque cambie el carácter de la tríada, NO se trata de una inversión. Dado que la fundamental sigue ocupando la posición más baja, es una tríada en estado fundamental en posición abierta.

Las tríadas en 1ª o 2ª inversión se pueden disponer en posición abierta. En el segundo ejemplo en Sol mayor, se ha elevado la 5ª (Re) en una octava, y en el tercer ejemplo también se ha elevado la fundamental (Sol) en una octava.

▶ 7 / 16

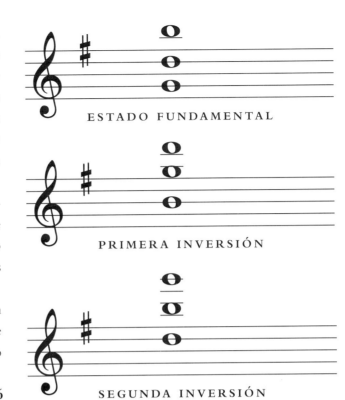

ESTADO FUNDAMENTAL

PRIMERA INVERSIÓN

SEGUNDA INVERSIÓN

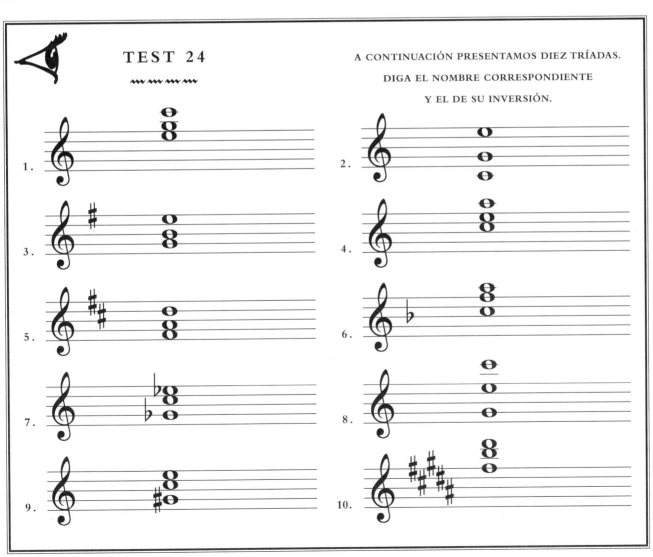

TEST 24

A CONTINUACIÓN PRESENTAMOS DIEZ TRÍADAS. DIGA EL NOMBRE CORRESPONDIENTE Y EL DE SU INVERSIÓN.

1.

2.

3.

4.

5.

6.

7.

8.

9.

10.

¿QUÉ ES UN ACORDE?

Una tríada es el tipo más simple de acorde. Independientemente de su disposición, mientras comprenda sólo tres notas de diferente tono siempre será una tríada.

Aunque ya hemos observado los diferentes efectos musicales que se pueden crear usando las dos inversiones o la posición abierta, todo ello aún nos proporciona una gama de posibilidades relativamente limitada con la que trabajar. En la música occidental –incluso la música pop más simple– la actividad armónica es mucho más compleja. Esto se consigue bien añadiendo notas repetidas de la tríada en otro registro –intervalos de una o más octavas– o bien agregando una o más notas que NO forman parte de la tríada original.

Quizá el acorde más simple que se puede lograr a partir de una tríada sea el que resulta de añadir una fundamental una octava por debajo de la tónica de la tríada. En la música pop de los últimos cincuenta años eso era lo que se hacía para crear la voz del bajo –generalmente un bajo de cuerda, un doble bajo, un sintetizador o una grabación digital–.

Seguidamente mostramos un ejemplo de adición de una nota de bajo a las tríadas de la escala de Do mayor. Escuche el efecto que tiene en el sonido global. Dado que las notas usadas son las mismas, el acorde conserva su carácter de tríada, pero tiene una profundidad de sonido mucho mayor.   ▶ 7 / 17

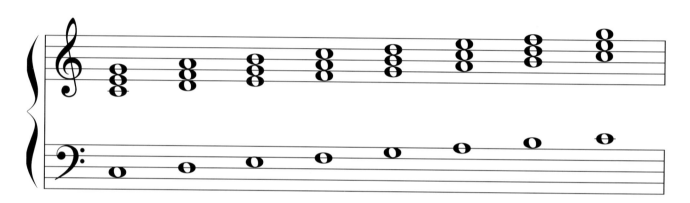

ALTERNATIVAS EN DO MAYOR

El primer elemento del pentagrama anterior era el acorde de Do mayor, consistente en una tríada de Do mayor en estado fundamental y la nota Do una octava por debajo de la tónica (escrita en clave de Fa). Existen muchas otras posibilidades de tocar este acorde. Estas alternativas se denominan ARMONIZACIONES y sirven para crear nuevas VOCES.

Los contrastes se pueden distinguir mejor si reproducimos los acordes en el piano o en cualquier otro instrumento polifónico, como la guitarra, que permita tocar más de una nota a la vez. Con los instrumentos monofónicos, como los de viento, se requiere un conjunto de músicos para crear acordes.

A continuación mostramos una selección de armonizaciones del acorde de Sol mayor repartida sobre los dos pentagramas del piano. Para ello empleamos una serie de inversiones distintas. Obsérvese que el acorde final de la secuencia se compone de ocho notas. Ese acorde sólo es posible en el piano o en otros instrumentos de teclado: la mano derecha toca las cuatro notas agudas; la izquierda toca las cuatro notas más graves.   ▶ 7 / 18

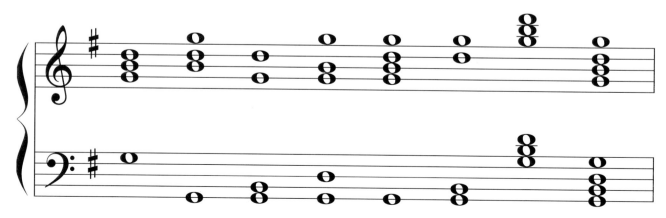

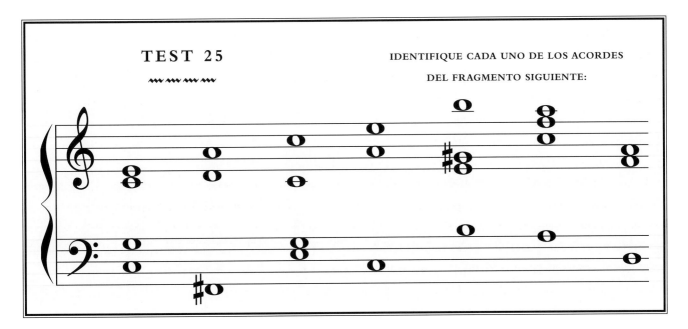

TEST 25

IDENTIFIQUE CADA UNO DE LOS ACORDES
DEL FRAGMENTO SIGUIENTE:

ACORDES DE SÉPTIMA

Aunque la repetición de las notas de la tríada de diferentes formas ofrece una serie de variaciones interesantes, para crear una mayor gama de texturas armónicas necesitamos añadir notas externas a la tríada. La nota que se añade con mayor frecuencia es la 7ª (subtónica o sensible). Así se crea un ACORDE DE SÉPTIMA.

Sin embargo, la «7ª» no implica por sí misma un tono determinado. En Do, por ejemplo, la 7ª menor es Si♭, la 7ª mayor es Si, la 7ª disminuida es Si♭♭ (enarmónico de La) y la 7ª aumentada es Si♯ (enarmónico de Do). Así, dependiendo del contexto, se puede producir una serie de acordes de 7ª diferentes. Entenderemos mejor la teoría y las diferencias añadiendo una 7ª a las tríadas de la escala de Do mayor. Cada una puede nombrarse según su posición y abreviarse con el número romano correspondiente seguido de un siete volado. Así, la séptima del 1er grado será la SÉPTIMA TÓNICA o I⁷. ▶ **7 / 19**

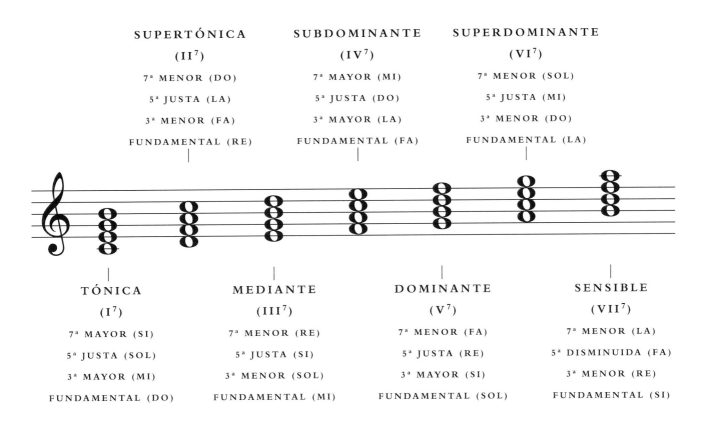

SUPERTÓNICA (II⁷)
7ª MENOR (DO)
5ª JUSTA (LA)
3ª MENOR (FA)
FUNDAMENTAL (RE)

SUBDOMINANTE (IV⁷)
7ª MAYOR (MI)
5ª JUSTA (DO)
3ª MAYOR (LA)
FUNDAMENTAL (FA)

SUPERDOMINANTE (VI⁷)
7ª MENOR (SOL)
5ª JUSTA (MI)
3ª MENOR (DO)
FUNDAMENTAL (LA)

TÓNICA (I⁷)
7ª MAYOR (SI)
5ª JUSTA (SOL)
3ª MAYOR (MI)
FUNDAMENTAL (DO)

MEDIANTE (III⁷)
7ª MENOR (RE)
5ª JUSTA (SI)
3ª MENOR (SOL)
FUNDAMENTAL (MI)

DOMINANTE (V⁷)
7ª MENOR (FA)
5ª JUSTA (RE)
3ª MAYOR (SI)
FUNDAMENTAL (SOL)

SENSIBLE (VII⁷)
7ª MENOR (LA)
5ª DISMINUIDA (FA)
3ª MENOR (RE)
FUNDAMENTAL (SI)

COMPARACIÓN DE LAS SÉPTIMAS DE UNA ESCALA MAYOR

Cuando tocamos la serie de acordes de séptima creados a partir de la escala mayor, observamos los diferentes matices de cada uno. Aunque, tal como veremos enseguida, se pueden crear otros tipos de acordes de séptima, los cuatro tipos de la escala mayor son, con mucho, los más empleados.

A partir de los grados I (tónica) y IV (subdominante) hemos añadido a la tríada mayor un intervalo de 7ª mayor desde la fundamental. Este tipo de acorde se llama SÉPTIMA MAYOR.

Sobre los grados II (supertónica), III (mediante) y VI (superdominante), hemos añadido una 7ª menor a una tríada menor. Este tipo de acorde se denomina SÉPTIMA MENOR.

Contando a partir de la sensible (VII) hemos añadido un intervalo de 7ª menor a la tríada disminuida correspondiente, creando una SÉPTIMA SEMIDISMINUIDA.

Este acorde se llama así porque la tríada es disminuida pero la séptima no. Tal como veremos más adelante, también existe un acorde que añade una 7ª disminuida a una tríada disminuida, y se denomina 7ª disminuida. El acorde de 7ª semidisminuida a veces también se denomina DE 7ª MENOR CON 5ª DISMINUIDA.

El tipo más frecuente de acorde de séptima es el que se crea a partir de la dominante (V grado). Este acorde combina una 7ª menor con una tríada mayor. Técnicamente se denomina acorde de 7ª DOMINANTE, pero es tan frecuente su uso que, en la mayoría de casos, cuando hablamos de un acorde de «séptima» sin más se da por sentado que se trata de un acorde de séptima dominante.

Para comprender mejor las diferencias entre estos cuatro sonidos, interprete o escuche esta serie de acordes de séptima, todos ellos construidos a partir de la misma nota fundamental. Observe que, tal como se indica, no están todos en el mismo tono.

DO 7ª MAYOR

(ACORDE DE 7ª SOBRE LA TÓNICA EN DO MAYOR)

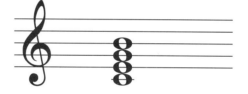 7/20

DO 7ª DOMINANTE

(ACORDE DE 7ª SOBRE LA DOMINANTE EN FA MAYOR)

 7/21

DO 7ª MENOR

(ACORDE DE 7ª SOBRE LA TÓNICA EN DO MENOR)

 7/22

DO 7ª SEMIDISMINUIDA

(ACORDE DE 7ª SOBRE LA SENSIBLE EN RE♭ MAYOR)

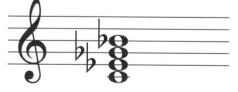 7/23

TEST 26

〜〜〜〜〜〜〜〜

EL SIGUIENTE TEST LE AYUDARÁ A ACOSTUMBRARSE A COMPARAR EL SONIDO DE LOS CUATRO ACORDES DE SÉPTIMA MÁS COMUNES (LOS MOSTRADOS ARRIBA). ESCUCHE LOS SIGUIENTE FRAGMENTOS SIGUIENTES DEL CD E IDENTIFIQUE SI LOS ACORDES SON DE SÉPTIMA MAYOR, MENOR, DOMINANTE O SEMIDISMINUIDA.

1. ▶ 7/24　　2. ▶ 7/25

3. ▶ 7/26　　4. ▶ 7/27

5. ▶ 7/28　　6. ▶ 7/29

7. ▶ 7/30　　8. ▶ 7/31

INVERSIÓN DE ACORDES

~∞~∞~

LOS NOMBRES QUE SE DAN A LAS FORMAS INVERTIDAS DE LOS ACORDES MAYORES Y MENORES SON IDÉNTICOS A SUS EQUIVALENTES EN LAS TRÍADAS: SI LA FUNDAMENTAL ES LA NOTA MÁS BAJA, ESTÁ EN ESTADO FUNDAMENTAL («a»); SI ES LA 3ª LA QUE OCUPA LA POSICIÓN INFERIOR, ESTÁ EN PRIMERA INVERSIÓN («b»), Y SI LA NOTA INFERIOR ES LA 5ª, SE TRATA DE UNA SEGUNDA INVERSIÓN («c»). EL ASUNTO SE COMPLICA CUANDO SE INTRODUCE UNA NOTA AJENA A LA TRÍADA. EN EL CASO DE LOS ACORDES DE SÉPTIMA, SI LA 7ª ES LA NOTA MÁS BAJA, SE DICE QUE EL ACORDE ESTÁ EN TERCERA INVERSIÓN, LO QUE SE INDICA CON UNA «d» MINÚSCULA. EL EJEMPLO SIGUIENTE MUESTRA LAS CUATRO INVERSIONES DE UN ACORDE DE DO SÉPTIMA DOMINANTE.

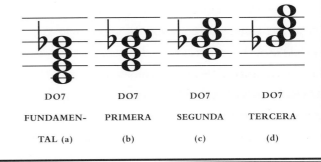

DO7	DO7	DO7	DO7
FUNDAMEN-TAL (a)	PRIMERA (b)	SEGUNDA (c)	TERCERA (d)

SÉPTIMAS A PARTIR DE LAS ESCALAS MENORES

Si añadimos una 7ª a las tríadas construidas sobre una escala menor natural, crearemos el mismo conjunto de acordes de séptima que en la escala mayor. Recordemos que cada escala menor natural también guarda relación con su correspondiente escala mayor, y que cada acorde mayor tiene un correspondiente acorde menor (véase la p. 51). Dado que la menor es el tono menor relativo de Do mayor, los acordes de séptima construidos a partir de la escala menor de la natural serán los mismos de la escala de Do mayor, aunque en sus posiciones correspondientes. Así, la secuencia de La natural menor es: La 7ª menor (I), Si 7ª semidisminuida (II), Do 7ª mayor (III), Re 7ª menor (IV), Mi 7ª menor (V), Fa 7ª mayor (VI) y Sol 7ª (VII).

No obstante, se pueden crear tres acordes de séptima alternativos añadiendo séptimas a las tríadas construidas a partir de la escala menor armónica. Estas séptimas, construidas sobre los grados I, III y VII, se usan con menor frecuencia que las ilustradas en la página anterior. Pueden tener una utilización práctica bastante limitada –en realidad, si no se emplean con precaución, pueden sonar extrañas o sencillamente «mal»–.

La SÉPTIMA MENOR/MAYOR que aparece sobre la tónica (I) suma un intervalo de 7ª mayor a la tríada menor.

La SÉPTIMA MAYOR CON QUINTA AUMENTADA aparece sobre la mediante (III) y es una tríada aumentada a la que se le ha añadido una 7ª mayor.

La SÉPTIMA DISMINUIDA se construye a partir de la sensible (VII) y añade una 7ª disminuida a una tríada disminuida.

Ahora puede oír cómo suenan estos nuevos acordes de séptima tocando la secuencia menor natural completa, tal como se muestra a continuación. ▶ 7 / 3 2

SI SÉPTIMA SEMIDISMINUIDA   RE SÉPTIMA MENOR   FA SÉPTIMA MAYOR

LA SÉPTIMA MENOR/MAYOR   DO SÉPTIMA MAYOR CON QUINTA AUMENTADA   MI SÉPTIMA DOMINANTE   SOL♯ SÉPTIMA DISMINUIDA

ADICIÓN DE LA SEXTA

Hasta ahora hemos visto cómo se pueden usar las notas I, III, V y VII para crear diversos acordes. Pero ¿qué pasa con las otras tres notas de la escala, los grados II, IV y VI? Con ellas también se pueden formar acordes.

A la tríada mayor se le puede añadir una 6ª mayor para crear un acorde de SEXTA. Añadiendo la misma nota a una tríada menor creamos un acorde de SEXTA MENOR.

ADICIÓN DE LA SEGUNDA

Esta definición resulta algo equívoca, porque invariablemente se utiliza el equivalente compuesto de la 2ª, la 9ª. Añadiendo la 9ª a la tríada obtenemos lo que se conoce como NOVENA AÑADIDA (que no se debe confundir con un acorde puro de NOVENA, que veremos enseguida). En la práctica, el acorde de novena añadida se suele tocar sin la 3ª.

También es posible agregar una 9ª a una tríada menor. Con ello se obtiene una NOVENA AÑADIDA MENOR. Este acorde es peculiar, puesto que el intervalo entre la 2ª (la 9ª) y la 3ª rebajada es de 2ª menor (de un semitono), lo que supone un intervalo disonante. Aun así, estos intervalos se emplean con frecuencia.

Todos los acordes que añaden una 9ª a una tríada de cualquier tipo se suelen abreviar como NOVENAS AÑADIDAS.

DO SEXTA

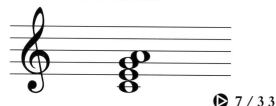

► 7 / 33

DO SEXTA MENOR

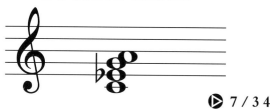

► 7 / 34

DO NOVENA AÑADIDA

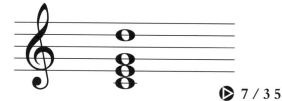

► 7 / 35

DO NOVENA AÑADIDA MENOR

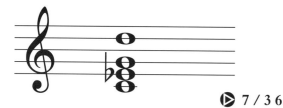

► 7 / 36

LOS NOMBRES DE LOS ACORDES ABREVIADOS

∞∞∞∞

EN MUCHAS FORMAS DE MÚSICA MODERNA SÓLO SE UTILIZAN INDICADORES ARMÓNICOS BÁSICOS. ESTO SIGNIFICA, EN MUCHOS CASOS, QUE EL MÚSICO TIENE QUE INTERPRETAR A PARTIR DE UNA SERIE DE ACORDES QUE PUEDE TOCAR COMO QUIERA. EN ESAS OCASIONES, NI SIQUIERA ES NECESARIO ESCRIBIR LOS ACORDES SOBRE UN PENTAGRAMA, SINO QUE BASTA CON ESCRIBIRLOS CON NOMBRES ABREVIADOS. A LA DERECHA ENCONTRARÁ UNA LISTA DE LOS ACORDES MÁS USADOS JUNTO A SUS ABREVIATURAS CORRESPONDIENTES. EN LOS EJEMPLOS APARECE SIEMPRE EL DO COMO FUNDAMENTAL.

DO MAYOR	DO M O C
DO MENOR	DO m O Cm
DO SÉPTIMA DOMINANTE	DO 7 O C7
DO SÉPTIMA MENOR	DO m7 O Cm7
DO SÉPTIMA MAYOR	DO M7 O CΔ7
DO SEMIDISMINUIDA	DO m 7-5 O Cm7-5
DO DISMINUIDA	DO DISM O C°
DO AUMENTADA	DO AUM O C+
DO CUARTA SUSPENDIDA	DO SUS 4 O C SUS 4
DO SEXTA	DO 6 O C6
DO SEXTA MENOR	DO m6 O Cm6
DO NOVENA AÑADIDA	DO 9ª a. O C ADD 9
DO NOVENA	DO 9ª O C9
DO ONCEAVA	DO 11ª O C11
DO TRECEAVA	DO 13ª O C13

ADICIÓN DE LA CUARTA

Los acordes que incorporan la 4ª se usan menos, puesto que no se añaden a una tríada o acorde preexistente. Cuando se usa una 4ª perfecta, normalmente ésta SUSTITUYE a la 3ª de la tríada. Por ejemplo, en tono de Do mayor, se emplean las notas Do (I), Fa (IV) y Sol (V). Este efecto crea lo que se conoce como acorde de CUARTA SUSPENDIDA. Estos acordes se suelen abreviar con el nombre de la nota seguido de «SUS» o «SUS 4».

Una forma alternativa de acorde suspendido es la que cambia la 3ª por la 4ª en un acorde de séptima dominante. El resultado se denomina acorde de SÉPTIMA CON CUARTA SUSPENDIDA, o «7 SUS 4».

Los acordes de cuarta suspendida se encuentran en todo tipo de música y se resuelven convirtiendo de nuevo la 4ª en una 3ª al final de la frase musical. En el pentagrama siguiente tenemos dos ejemplos de este efecto adoptando ambos tipos de acorde suspendido. En los dos casos la nota suspendida vuelve a la 3ª mayor, creando una tríada mayor y un acorde de séptima dominante, respectivamente.

▶ 7 / 3 7

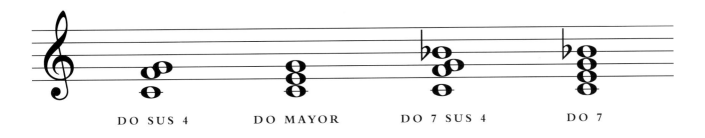

DO SUS 4   DO MAYOR   DO 7 SUS 4   DO 7

AMPLIACIÓN DE LOS ACORDES

Se puede recurrir a intervalos compuestos para crear una amplia variedad de voces, añadiendo intervalos de 9ª, 11ª y 13ª. Los acordes resultantes se denominan ACORDES AMPLIADOS.

Un acorde de NOVENA se llama así porque agrega un intervalo compuesto de 9ª (esto es, una 2ª más una 8ª) a un acorde de séptima. Como hay muy diversos acordes de séptima, también existen varios acordes de novena. El más común –conocido simplemente como «novena»– añade una 9ª al acorde de séptima dominante. Las otras dos formas más usadas de este grupo son las novenas menor y mayor, que añaden la misma nota a los acordes de séptima menor y mayor respectivamente.

Las notas de ONCEAVA y TRECEAVA actúan exactamente del mismo modo. La gama de acordes de onceava añade una 4ª perfecta por encima de la octava a un acorde de novena; los acordes de treceava añaden una 6ª mayor sobre la octava a un acorde de onceava.

Cuando se toca en su forma completa, un acorde de novena comprende cinco notas; el de onceava tiene seis notas, y el de treceava, siete. No obstante, no es absolutamente necesario tocar todas las notas para dar la sensación de amplitud.

DO NOVENA

▶ 7 / 3 8

DO ONCEAVA

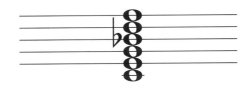

▶ 7 / 3 9

DO TRECEAVA

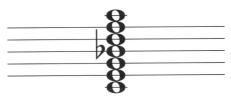

▶ 7 / 4 0

JUGANDO CON EL BAJO

Si tomamos una tríada o un acorde e invertimos las notas, alteramos el equilibrio de las notas y con ello su sonido. Desde los compositores de grandes piezas para orquesta a los componentes de las bandas de pop y rock más modestas, se han dado cuenta de que con la más sencilla de las inversiones se pueden obtener grandes cambios de textura e impacto.

En esta página estudiaremos cómo puede cambiarse el sonido del acorde variando la nota del bajo –usando una nota que no sea la fundamental–. Cuando se emplean otras notas del acorde, el resultado son inversiones de hecho, aunque en las abreviaturas informales se suelan escribir con el nombre del acorde seguido de una barra y la nota del bajo. Por ejemplo, el segundo acorde que mostramos, «Sol/Si», indica que se toca un acorde de Sol mayor con un Si en el bajo.

Los pentagramas siguientes muestran cuatro tríadas de Sol mayor interpretadas con una nota en el bajo procedente de la misma tríada, pero en un registro inferior. Puede apreciarse el efecto en el CD. ▶ 7 / 41

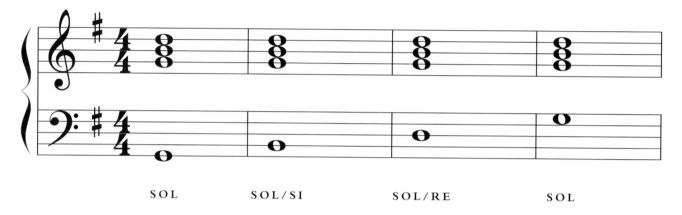

SOL   SOL/SI   SOL/RE   SOL

EFECTOS POLITONALES

Cuando se tocan dos tipos de acorde diferentes a la vez, el resultado se denomina ACORDE POLITONAL (o, sencillamente, «policorde»). Por ejemplo, si tomamos una tríada de Do mayor (Do - Mi - Sol) y la tocamos junto a una tríada de Sol mayor (Sol - Si - Re), el resultado es la combinación de Do - Mi - Sol - Si - Re, que es el acorde de novena de Do.

Se puede crear un efecto politonal tocando un acorde que añada en el bajo una nota que no pertenezca a la tríada. Técnicamente no sería un policorde, porque sólo recurre a la fundamental, pero es un efecto que se utiliza habitualmente.

El pentagrama siguiente contiene cinco acordes muy usuales con una nota cambiada en el bajo. Para facilitar la comparación, la nota del bajo es la misma en cada caso, pero varía su relación con las notas de la tríada correspondiente.

Aunque estos acordes se clasifiquen como tríadas con una nota en el bajo, indicada tras la barra como en los ejemplos de novena mostrados anteriormente, también se les puede dar un nuevo nombre considerando las notas de la tríada en relación con la del bajo. Por ejemplo Re mayor (Re - Fa♯ - La) con Do en el bajo, si lo contemplamos como un acorde de Do, estaría compuesto por las notas Do (1ª), Re (2ª/9ª M), Fa♯ (4ª aum.) y La (6ª M). Este acorde también podría escribirse Do 6/9+4. Los cinco acordes siguientes se presentan con su nombre completo. ▶ 7 / 42

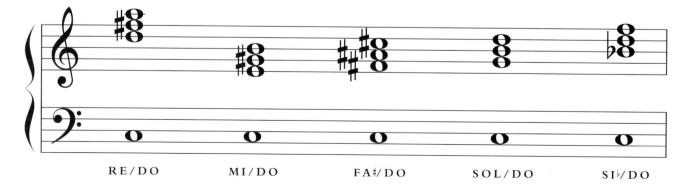

RE/DO   MI/DO   FA♯/DO   SOL/DO   SI♭/DO

ARPEGIOS

En la página 71 hemos practicado la descomposición de tríadas en sus diferentes partes. Este procedimiento es la base de un efecto muy usual, conocido como ARPEGIO: la indicación de que un acorde se debe tocar como una rápida sucesión de notas. El nombre deriva de «arpa», lo que da idea del efecto sonoro que se produce.

Un arpegio se puede representar de diversas formas (los tres ejemplos de arriba son todos posibles y válidos). El ejemplo de la derecha muestra cómo podría escribirse este efecto «con todas sus notas».

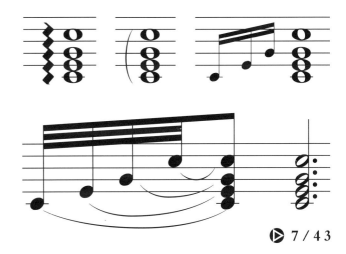

▶ 7 / 4 3

ACORDES DESPLEGADOS

Algo parecido a los arpegios son los ACORDES DESPLEGADOS, en los que las notas que los componen se tocan siguiendo un patrón rítmico. Los acordes desplegados suelen emplearse para adquirir soltura en el piano.

Una de las aplicaciones más conocidas de los acordes desplegados es la que se conoce como BAJO ALBERTI. Es un patrón específico que descompone la tríada en notas sueltas que luego se tocan siguiendo la secuencia 1ª, 5ª, 3ª, 5ª. Popularizado por el compositor italiano del siglo XVIII Domenico Alberti (1710-1740), este recurso se hizo famoso gracias a la adopción en la *Sonata en Do mayor* (K545) de Mozart.

En el ejemplo siguiente se advierte claramente que el patrón que se sigue en el primer pentagrama deriva de los acordes del segundo pentagrama. ▶ 7 / 4 4

RESUMEN DE LA LECCIÓN 7

∞∞∞∞

HE AQUÍ UN RESUMEN DE LOS PRINCIPALES PUNTOS DE LA LECCIÓN:

- TRÍADAS MAYORES, MENORES, DISMINUIDAS Y AUMENTADAS
- TRÍADAS DE LAS ESCALAS MAYORES Y MENORES
- INVERSIÓN DE LAS TRÍADAS
- POSICIÓN ABIERTA Y CERRADA
- ACORDES Y SUS INVERSIONES

- CONSTRUCCIÓN DE ACORDES DE SÉPTIMA
- ADICIÓN DE 2ª, 4ª Y 6ª
- AMPLIACIÓN DE LOS ACORDES CON LA 9ª, LA 11ª Y LA 13ª
- VARIACIONES DEL BAJO Y POLICORDES
- ARPEGIOS Y ACORDES DESPLEGADOS

LECCIÓN 8

Grupos y frases

Las notas que tienen un valor igual o inferior a una corchea pueden aparecer en el pentagrama agrupadas con barras o ligaduras, lo que facilita la lectura y permite al músico reconocer rápidamente algunos tipos de patrón rítmico. No obstante, tal como se habrá observado, hay muchas maneras de conseguir el mismo resultado final con tipos de escritura estándar, de modo que es importante comprender sus usos más correctos.

GRUPOS

Ya hemos visto cómo se pueden agrupar las notas con barras o ligaduras. A modo de recordatorio, en los dos párrafos de la derecha (arriba) se representa la misma serie de valores. La forma agrupada proporciona un tipo de lectura más fácil y natural. Las barras también se pueden usar cuando los valores dentro del mismo grupo son variados.

GRUPOS DE NOTAS IGUALES

GRUPOS DE NOTAS DIFERENTES

TRESILLOS

Todos los ejemplos que hemos visto hasta el momento partían de la base de que la subdivisión de valores era binaria, es decir, que se podían dividir por dos, cuatro, etcétera. Sin embargo, un tiempo también se puede dividir en tres partes iguales. Los valores resultantes se conocen como TRESILLOS. Cualquier nota puede dividirse de este modo.

Hay varias formas de escribir los tresillos. Las opciones de la derecha son todas legítimas (y no son exclusivas de estos valores), así que su uso depende en gran medida de una decisión personal. No obstante, en cada caso el principio es exactamente el mismo. El ejemplo inferior indica que se deben tocar tres corcheas exactamente en el tiempo que se tarda en tocar una negra. En el CD se puede escuchar el efecto de un tresillo tocado con un metrónomo.

▶ 8 / 1

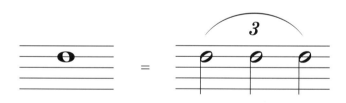

TRESILLO DE BLANCAS

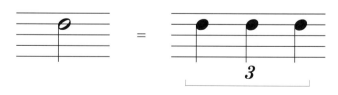

TRESILLO DE NEGRAS

TRESILLO DE CORCHEAS

GRUPOS DE TRESILLO

Aunque la forma más corriente de tresillo es con tres notas de igual valor, ello no significa que siempre tenga que ser así. También se pueden crear grupos de tresillos con notas de diferentes valores. A la derecha se presentan cuatro ejemplos.

Si una partitura hace un uso continuado de los tresillos, el «3» a veces se omite. De todos modos, esto no suele ser muy frecuente dentro de un mismo compás; es más habitual pasar al compás compuesto correspondiente. El ejemplo siguiente muestra el mismo compás escrito en cuatro por cuatro (tiempo simple) y en su equivalente compuesto, el doce por ocho. Ambos compases suenan idénticamente.

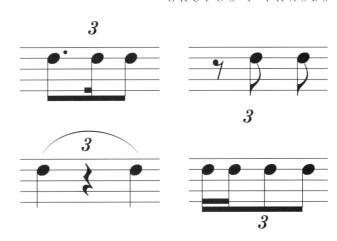

▶ 8 / 2

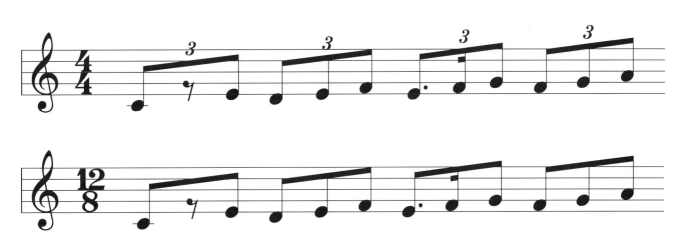

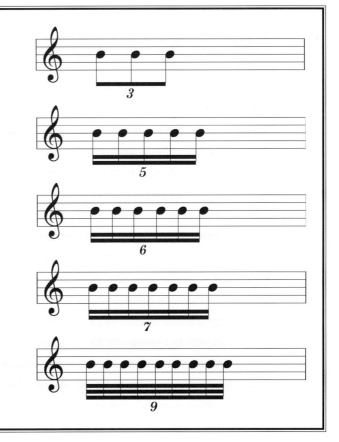

DIVISIONES IRREGULARES
~~~~

ES POSIBLE EFECTUAR OTRAS DIVISIONES APARTE DE LA BINARIA Y LA TERNARIA. LOS EJEMPLOS DE LA DERECHA MUESTRAN CÓMO SE PUEDE SUBDIVIDIR UNA NEGRA. LOS GRUPOS RESULTANTES SON: TRESILLO (3), CINQUILLO (5), SEXTILLO (6), SEPTILLO (7) Y GRUPO DE 9. ES POSIBLE REALIZAR MÁS DIVISIONES, PERO ES POCO USUAL. HAY QUE PRESTAR ESPECIAL ATENCIÓN AL VALOR QUE DEBE SUMAR CADA GRUPO: LOS GRUPOS DE TRES SUMAN EL VALOR QUE TENDRÍA UN GRUPO DE DOS (POR LO QUE EN ESTE CASO SE REPRESENTAN COMO CORCHEAS); LAS DIVISIONES DE CINCO, SEIS Y SIETE SUMAN EL MISMO VALOR QUE UN GRUPO DE CUATRO (AQUÍ, SEMICORCHEAS); LAS DIVISIONES DE NUEVE SUMAN EL MISMO VALOR QUE UN GRUPO DE OCHO (POR LO QUE EN ESTE CASO SON FUSAS).

PROTOCOLO DE AGRUPAMIENTO

A estas alturas ya nos hemos familiarizado bastante con los mecanismos utilizados para agrupar las notas en un pentagrama, de modo que ya sabemos que las mismas figuras se pueden escribir de diferentes modos. La música escrita sirve para comunicar la idea de un compositor o un arreglista al intérprete y, por tanto, CUALQUIER sistema que sirva para transmitir la información de forma precisa y sin ambigüedades es válido. Sin embargo, hay que reconocer que existen técnicas de escritura mejores que otras.

Cuando se agrupan notas, la regla de oro que hay que observar es reducir al mínimo el número de ligaduras. Aunque no existe ninguna alternativa al uso de ligaduras cuando hay que alargar una nota de un compás a otro, si éstas se usan excesivamente en el interior de un mismo compás –por ejemplo, una ligadura entre una negra y una corchea en vez de emplear una negra con puntillo (que es una alternativa que cualquier intérprete puede entender)– se dificulta la lectura de la partitura. Es más, estas ligaduras se pueden confundir con las de fraseo, que son marcas de articulación (véase p. 86).

USO CORRECTO

Con compases simples, las ligaduras se pueden evitar en la mayoría de casos usando puntillos. A continuación presentamos algunos ejemplos básicos que lo demuestran. En todos los casos, a la izquierda se incluye la versión no deseable.

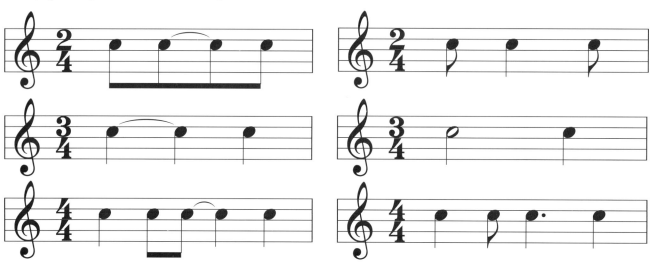

A EVITAR   DESEABLE

USO DE LAS BARRAS

∞∞∞

EL AGRUPAMIENTO DE CORCHEAS Y VALORES MENORES TAMBIÉN SIGUE SUS REGLAS. NORMALMENTE, LAS CORCHEAS SE DEBEN UNIR EN GRUPOS DE DOS, CUATRO O SEIS (EN TIEMPOS TERNARIOS). EN UN COMPÁS DE DOS POR CUATRO O TRES POR CUATRO LLENO DE CORCHEAS SE PUEDEN AGRUPAR CON UNA SOLA BARRA. EN UN TRES POR CUATRO ES MEJOR EVITAR LA CONSTRUCCIÓN DE GRUPOS DE TRES CORCHEAS A MENOS QUE SEAN TRESILLOS, PORQUE SI NO EL COMPÁS QUEDARÍA TRANSFORMADO EN UN SEIS POR OCHO. HABITUALMENTE SE SEPARA UNA DE LAS CORCHEAS DEL GRUPO, DEJANDO ASÍ UNA PAREJA, QUE VALE UN TIEMPO, Y UNA SUELTA (VÉASE EL EJEMPLO). EN CUATRO POR CUATRO HAY QUE CONSIDERAR QUE EL COMPÁS SE DIVIDE EN UN PAR DE UNIDADES DE DOS TIEMPOS, POR LO QUE NO SE DEBEN CREAR GRUPOS ENTRE AMBAS UNIDADES. ASÍ, SI APARECEN CUATRO CORCHEAS EN MEDIO DEL COMPÁS, SE HAN DE UNIR EN DOS PARES DE DOS (VÉASE EL EJEMPLO). LOS VALORES INFERIORES A LA CORCHEA SE PUEDEN UNIR EN GRUPOS DE UN TIEMPO O MEDIO TIEMPO. ASÍ, EN UN COMPÁS DE CUATRO POR CUATRO NUNCA HA DE HABER MÁS DE CUATRO SEMICORCHEAS EN UN SOLO GRUPO, AUNQUE SÍ ES ACEPTABLE ESCRIBIR OCHO FUSAS JUNTAS.

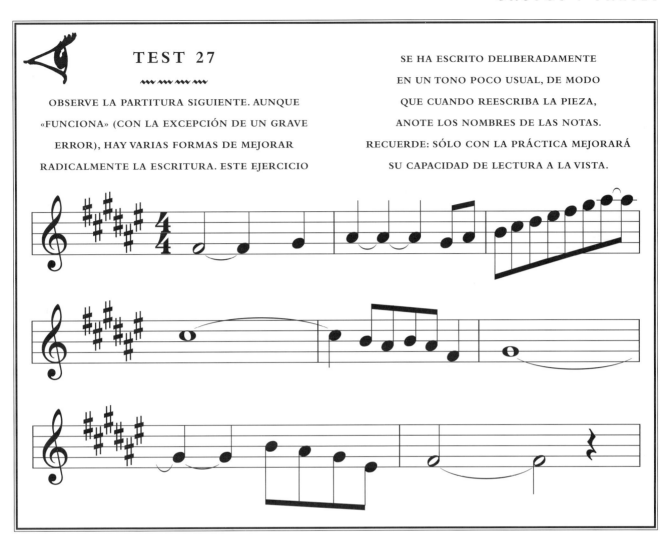

TEST 27

OBSERVE LA PARTITURA SIGUIENTE. AUNQUE
«FUNCIONA» (CON LA EXCEPCIÓN DE UN GRAVE
ERROR), HAY VARIAS FORMAS DE MEJORAR
RADICALMENTE LA ESCRITURA. ESTE EJERCICIO

SE HA ESCRITO DELIBERADAMENTE
EN UN TONO POCO USUAL, DE MODO
QUE CUANDO REESCRIBA LA PIEZA,
ANOTE LOS NOMBRES DE LAS NOTAS.
RECUERDE: SÓLO CON LA PRÁCTICA MEJORARÁ
SU CAPACIDAD DE LECTURA A LA VISTA.

COMBINACIÓN DE SILENCIOS

También existe un protocolo para el modo de agrupar los silencios. La regla básica es que, siempre que ello sea posible, han de seguir el tiempo. Por ejemplo, en un compás de dos por cuatro que sólo tenga una corchea en el último medio tiempo, para facilitar la lectura, el primer tiempo del compás debería ser un silencio de negra; el segundo tiempo se puede completar con un silencio de corchea.

El ejemplo de la derecha muestra dos alternativas no deseables seguidas de la opción «correcta». El primer ejemplo empieza con una pausa de corchea seguida de una de negra. Esto no es lo ideal, porque los silencios, tal como están, cortan los tiempos: el silencio de negra empieza a medio tiempo y acaba en un tiempo y medio.

La segunda alternativa presenta una pausa con puntillo. Al igual que las notas, las pausas también pueden llevarlo y aumentar su duración en la mitad de su valor. Las pausas con puntillo, no obstante, sólo están indicadas en un tiempo compuesto, donde el tiempo básico es una negra con puntillo.

A EVITAR

A EVITAR

DESEABLE

EL FRASEO

Se puede hacer una analogía entre la forma en que hablamos y la forma en que se compone música. Del mismo modo en que el habla se puede dividir en párrafos y frases independientes, una pieza musical se puede fragmentar en FRASES MUSICALES.

No hay reglas estrictas sobre lo que constituye una fra-se. Tomemos, por ejemplo, los primeros cuatro compases de la canción infantil inglesa *London Bridge is Falling Down*, que mostramos a continuación. El pentagrama que se reproduce sin duda constituiría una frase, pero también podría decirse que los dos primeros compases son por sí mismos una frase.   ▶ 8 / 3

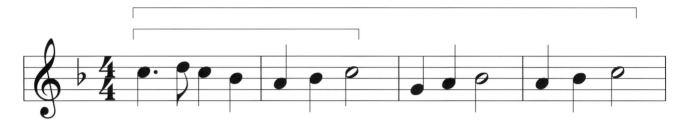

COMPASES INCOMPLETOS
∼∼∼∼

A MENUDO, UNA PIEZA MUSICAL NO COMIENZA REALMENTE EN EL PRIMER TIEMPO DEL PRIMER COMPÁS, CON LO CUAL PARECE QUE EL PRIMER COMPÁS NO TIENE LA DURACIÓN CORRECTA. EL EJEMPLO SIGUIENTE (LA CANCIÓN INGLESA *CLEMENTINE*) EMPIEZA CON DOS NOTAS EN EL ÚLTIMO TIEMPO DE UN COMPÁS. ASÍ PUES, ¿PUEDE SER QUE UN COMPÁS DE TRES POR CUATRO CONTENGA FIGURAS QUE NO SUMEN TRES TIEMPOS? ¿DEBERÍAMOS COLOCAR UN PAR DE SILENCIOS DE NEGRA EN LOS TIEMPOS UNO Y DOS? NO ES NECESARIO. LOS VALORES QUE FALTAN SE EQUILIBRAN AL ACABAR LA PIEZA. OBSÉRVESE QUE EL ÚLTIMO COMPÁS CONTIENE UNA BLANCA, QUE VALE DOS TIEMPOS Y COMPLEMENTA EL TIEMPO DEL COMPÁS INICIAL. ESTA CANCIÓN CONTIENE MUCHAS OTRAS ESTROFAS, QUE TAMBIÉN EMPIEZAN EN LO QUE PODRÍA CONSIDERARSE EL ÚLTIMO TIEMPO DEL ÚLTIMO COMPÁS. EN REALIDAD, SI EL ÚLTIMO COMPÁS PRESENTARA UNA BLANCA CON PUNTO (O UNA BLANCA Y UN SILENCIO DE NEGRA), INTRODUCIRÍA UN TIEMPO DE MÁS ENTRE LAS ESTROFAS, LO QUE TENDRÍA UN EFECTO CLARAMENTE ERRÓNEO. ESTE SENTIDO DE EQUILIBRIO ESTÁ EN TODAS LAS FRASES MUSICALES. EL PRIMER VERSO DE LA CANCIÓN (MARCADO CON UNA LIGADURA DE FRASEO) CONSTITUYE UNA FRASE POR SÍ MISMO. ESTO SIEMPRE OCURRE EN LAS CANCIONES. OBSÉRVESE QUE, AUNQUE LA FRASE NO EMPIEZA O ACABA CON EL COMPÁS, QUEDA PERFECTAMENTE EQUILIBRADA EN CUANTO A TIEMPOS.   ▶ 8 / 4

OH MY   DAR-LING, OH MY   DAR-LING, OH MY   DAR-LING CLEM-EN-TINE,   THOU ART

LOST   AND   GONE FOR-EV-ER DREAD-FUL SOR-RY   CLEM-EN-TINE.

MARCAS DE ARTICULACIÓN

La definición de las frases tiene una aplicación práctica en la interpretación de una pieza. Una frase se puede mostrar formalmente con MARCAS DE ARTICULACIÓN, en particular con una LIGADURA DE FRASEO que es una línea curva que se coloca a lo largo de una frase, tanto si dura dos compases como dos notas.

Una característica propia de la frase es la breve pausa que se hace al final. Cuando hablamos, solemos acabar las frases con una pausa natural. Lo mismo ocurre en la música escrita. Una ligadura colocada en un frase tiene el efecto práctico de acortar la nota final, destacando de este modo la entidad de la frase como conjunto.

En el pentagrama siguiente (superior) hay tres ligaduras, cada una de ellas acabada en una corchea. En el pentagrama inferior, se ha sustituido cada una de las corcheas finales por una pausa de semicorchea, creando así el efecto de una pausa natural. Obsérvese que la unión entre la blanca y la negra NO es una ligadura de fraseo, sino de valores.

En el interior de la ligadura de fraseo queda implícito que las frases se tocarán con suavidad y de manera fluida, creando una cohesión que, una vez más, enfatiza la «unidad» de la frase. Este efecto también se conoce como LEGATO. Las notas del interior de esta ligadura se deben tocar sin separaciones entre ellas.

En manos de un buen músico, la interpretación de la ligadura se convierte en algo sutil, y no se puede definir en términos tan estrictos como la reducción de los valores de

algunas notas a la mitad. Probablemente el término «sentimiento» define mejor el proceso de interpretar la música del modo más natural posible.

> ## CADENCIAS
> ∞∞∞∞
>
> LAS FRASES MUSICALES ACABAN CON UNA CADENCIA. ESTE TÉRMINO DEFINE EL EFECTO MUSICAL QUE SE GENERA AL FINAL DE LA FRASE: EN LA MAYORÍA DE PIEZAS NORMALMENTE SUPONE LA VUELTA A UN ACORDE DE TÓNICA. EL TIPO MÁS FRECUENTE DE CADENCIA ES LA CADENCIA PERFECTA, QUE INDICA LA RESOLUCIÓN DESDE LA DOMINANTE (V) A LA TÓNICA (I). UNA CADENCIA IMPERFECTA GENERALMENTE DESCRIBE UN MOVIMIENTO QUE VA DE LA TÓNICA (I) A LA DOMINANTE (V), CREANDO UNA SENSACIÓN TEMPORAL; LA CADENCIA IMPERFECTA RARAMENTE CULMINA UN PASAJE IMPORTANTE. LA CADENCIA PLAGAL PASA DE LA SUBDOMINANTE (IV) A LA TÓNICA (I): PENSEMOS, POR EJEMPLO, EN EL «AMEN» QUE SE CANTA AL FINAL DE LOS HIMNOS. POR ÚLTIMO, LA CADENCIA ROTA ES UN MOVIMIENTO DE LA DOMINANTE (V) HACIA CUALQUIER OTRO GRADO QUE NO SEA LA TÓNICA (I), NORMALMENTE LA SUPERDOMINANTE (VI).

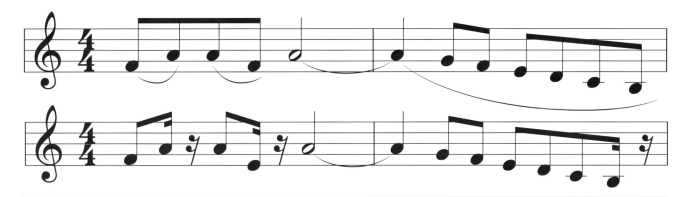

> ## RESUMEN DE LA LECCIÓN 8
> ∞∞∞∞
>
> ÉSTOS SON, EN RESUMEN, LOS TEMAS TRATADOS EN ESTA LECCIÓN.
>
> - TRESILLOS Y OTRAS DIVISIONES IRREGULARES
> - GRUPOS DE NOTAS
> - COMBINACIÓN DE SILENCIOS
> - NORMAS DEL AGRUPAMIENTO DE NOTAS
> - FRASEO
> - ARTICULACIÓN Y LIGADURAS

LECCIÓN 9

Escalas no diatónicas

Las escalas diatónicas que componen las series mayores y menores son las más habituales en la mayoría de formas de la música occidental. No obstante, hay otros tipos de escalas compuestas por diferentes combinaciones de intervalos entre los doce semitonos que comprende una octava. Estas escalas se denominan SINTÉTICAS y comprenden la pentatónica menor, la cromática, la disminuida y toda la serie de escalas de tonos completos.

ESCALAS PENTATÓNICAS

Entre los tipos de escala sintéticas más usuales, las pentatónicas son las más antiguas que se conocen. Se han encontrado variaciones en las culturas musicales de etnias asiáticas, del lejano oriente y de los pueblos nativos americanos. Tal como sugiere su nombre, las escalas pentatónicas se construyen usando cinco notas. Las dos formas más empleadas son la PENTATÓNICA MAYOR y la PENTATÓNICA MENOR.

LA ESCALA PENTATÓNICA MENOR

Las escalas pentatónicas menores se utilizan con frecuencia en el blues, el jazz y el rock como base para los solos. En realidad, es tal el uso que se hace en estos estilos, que a menudo esta escala se denomina escala de «blues». La escala pentatónica menor tiene las mismas notas que la menor

natural, sólo que eliminando los grados II y VI. Los intervalos que la componen, así, siguen el patrón TONO MÁS SEMITONO - TONO - TONO - TONO MÁS SEMITONO - TONO. En tono de Do, las notas que adopta son Do, Mi♭, Fa, Sol y Si♭.

Se puede crear una serie de cinco escalas empezando desde las diferentes posiciones de la escala pentatónica menor. Con las notas del tono de Do, también se pueden tocar las siguientes escalas pentatónicas: Mi♭ - Fa - Sol - Si♭ - Do; Fa - Sol - Si♭ - Do - Mi; Sol - Si♭ - Do - Mi - Fa y Si♭ - Do - Mi - Fa - Sol. Tal como vemos, las notas son las mismas en todos los casos, pero la sucesión de intervalos es diferente, y lo mismo le ocurre al sonido. A esto se le llama MODOS PENTATÓNICOS. En el CD podemos escuchar toda la serie de modos pentatónicos menores en tono de Do.

▶ 9 / 1

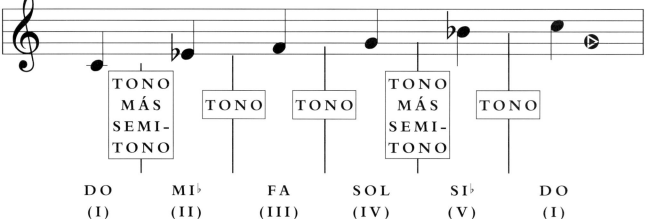

LA PENTATÓNICA MAYOR

La segunda escala pentatónica principal, la pentatónica mayor, adopta las mismas notas que la escala diatónica mayor, sólo que sin las notas de los grados IV y VII. La serie de intervalos que la componen sigue el patrón TONO - TONO - TONO MÁS SEMITONO - TONO - TONO MÁS SEMITONO. Así, en tono de Do, las notas serían Do, Re, Mi, Sol y La.

Al igual que con cualquier otro tipo de escala, esta serie de intervalos se puede transportar a cualquier tonalidad.   ▶ 9 / 2

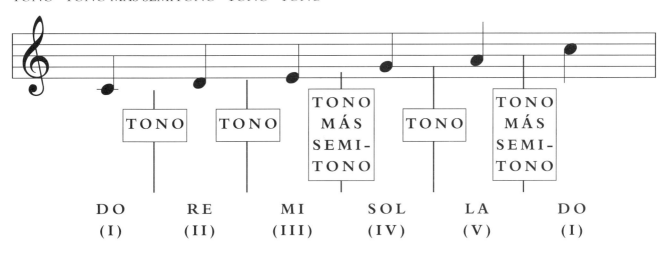

| TONO | TONO | TONO MÁS SEMI-TONO | TONO | TONO MÁS SEMI-TONO |

| DO (I) | RE (II) | MI (III) | SOL (IV) | LA (V) | DO (I) |

ESCALAS CROMÁTICAS

∾∾∾∾

UNA ESCALA CROMÁTICA ES LA QUE COMPRENDE TODOS LOS SEMITONOS DE UNA OCTAVA, LO QUE SIGNIFICA QUE ENTRE LA TÓNICA Y SU OCTAVA HAY DOCE INTERVALOS IDÉNTICOS. LAS APLICACIONES DE LAS NOTAS CROMÁTICAS EN MÚSICA HAN SIDO FUNDAMENTALMENTE DOS: ORNAMENTAL –A MODO DE «EFECTOS» EN LA MÚSICA TONAL– Y ESTRUCTURAL –EN LA CREACIÓN DE OBRAS DE TONALIDAD AMBIGUA (O INCLUSO ATONALES).

LAS NOTAS CROMÁTICAS SE UTILIZAN EN MÚSICA DESDE QUE EL SISTEMA DIATÓNICO SE HIZO DOMINANTE, A FINALES DEL SIGLO XVI. EN MUCHOS CASOS SE HAN EMPLEADO COMO DECORACIÓN, POR EJEMPLO COMO NOTAS DE PASO, «RELLENANDO» LOS ESPACIOS ENTRE LOS INTERVALOS DE UNA TONALIDAD. NO OBSTANTE, A PESAR DE ESTAS NOTAS ADICIONALES, SE SUELE MANTENER UNA SENSACIÓN DE «TONALIDAD», ES DECIR, SIEMPRE SE HA PODIDO IDENTIFICAR LA TONALIDAD DE LA MÚSICA.

EL USO DEL CROMATISMO EN LA COMPOSICIÓN SE EXTENDIÓ HACIA FINALES DEL SIGLO XIX, HASTA TAL PUNTO QUE, A PRINCIPIOS DEL SIGLO XX, LOS COMPOSITORES PROFESIONALES EMPEZARON A CONSIDERAR QUE LA MÚSICA TONAL ESTABA PASADA DE MODA. ESTA TENDENCIA SUPUSO LA APARICIÓN DE UNA NUEVA FORMA COMPOSITIVA: EL SISTEMA DE DOCE TONOS. UNO DE SUS PIONEROS FUE EL COMPOSITOR AUSTRÍACO ARNOLD SCHÖNBERG, QUE CREÓ UNA «MÚSICA DODECAFÓNICA» QUE EMPLEABA DEL MISMO MODO LAS DOCE NOTAS DE LA ESCALA CROMÁTICA, SIN UNA TONALIDAD DE REFERENCIA. EL PENTAGRAMA SIGUIENTE MUESTRA UNA ESCALA CROMÁTICA DE UNA OCTAVA, QUE VA DE DO A DO. LA ESCALA SERÍA IDÉNTICA CUALQUIERA QUE FUERA LA NOTA CON QUE COMENZABA.   ▶ 9 / 3

LA ESCALA DISMINUIDA

La escala disminuida comprende ocho intervalos que alternan tonos y semitonos. Estos intervalos no varían, de modo que se puede iniciar la serie desde cuatro puntos diferentes de la escala: los grados I, III, V y VII. Así, con cuatro centros tonales, se pueden construir escalas en todos los tonos y con todos sus equivalentes enarmónicos a partir de sólo tres series de notas. ▶ 9 / 4

I	II	III	IV	V	VI	VII	VIII
DO	RE	MI♭	FA	SOL♭	SOL♯	LA	SI
DO♯	RE♯	MI	FA♯	SOL	LA	SI♭	DO
RE	MI	FA	SOL	LA♭	SI♭	SI	DO♯

UNA ESCALA DISMINUIDA ALTERNATIVA
∼∼∼∼

TAMBIÉN SE PUEDE TOCAR LA ESCALA DISMINUIDA INVIRTIENDO EL PATRÓN DE INTERVALOS: EMPEZANDO CON UN INTERVALO DE SEMITONO EN VEZ DEL DE TONO. FÍJESE EN LA TABLA DE CENTROS TONALES DE LA IZQUIERDA Y CREE ESCALAS EMPEZANDO POR LAS NOTAS QUE NO ESTÁN SUBRAYADAS. AL IGUAL QUE ANTES, CON LAS TRES SERIES DE NOTAS ES POSIBLE CREAR ESCALAS DISMINUIDAS DE ESTE TIPO EN CUALQUIER TONO.

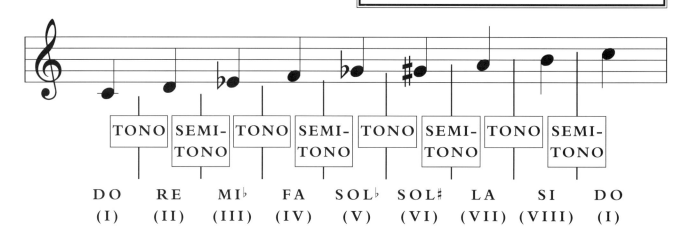

TONO	SEMI-TONO	TONO	SEMI-TONO	TONO	SEMI-TONO	TONO	SEMI-TONO

DO	RE	MI♭	FA	SOL♭	SOL♯	LA	SI	DO
(I)	(II)	(III)	(IV)	(V)	(VI)	(VII)	(VIII)	(I)

ESCALAS ÉTNICAS
∼∼∼∼

LOS SEIS EJEMPLOS DE LA DERECHA SON VERSIONES OCCIDENTALIZADAS DE LAS ESCALAS ÉTNICAS USADAS EN LA MÚSICA DE EUROPA CENTRAL Y ORIENTAL, DEL SURESTE ASIÁTICO Y DEL LEJANO ORIENTE, Y DAN UNA IDEA DE LOS SONIDOS DE ESTAS CULTURAS, ALGUNAS DE LAS CUALES NO USAN LA DIVISIÓN CROMÁTICA, ES DECIR, SUS SISTEMAS MUSICALES NO DIVIDEN NECESARIAMENTE UNA OCTAVA EN DOCE PARTES IGUALES COMO OCURRE EN EL MUNDO OCCIDENTAL. EN REALIDAD, CUANDO SE INTERPRETAN ESAS ESCALAS EN SUS FORMAS ORIGINALES, A LOS OYENTES OCCIDENTALES NOS SUENAN EXTRAÑAS O, SENCILLAMENTE, «MAL». ALGUNAS PERSONAS INCLUSO CONSIDERAN «DIFÍCILES» ESTAS APROXIMACIONES, QUE TIENEN UN AIRE INDISCUTIBLEMENTE DISONANTE.

ESCALA PELOG   ▶ 9 / 5

ESCALA HINDÚ   ▶ 9 / 6

ESCALA HIRAJOSHI   ▶ 9 / 7

ESCALA KUMOI   ▶ 9 / 8

ESCALA NAPOLITANA   ▶ 9 / 9

ESCALA HÚNGARA   ▶ 9 / 10

LA ESCALA DE TONOS

También conocida como escala aumentada, la escala de tonos recibe este nombre porque va de la raíz hasta la octava siguiendo una serie de seis intervalos de un tono cada uno. Así pues, el patrón de estos intervalos es TONO – TONO – TONO – TONO – TONO – TONO.

Al igual que ocurre con la escala cromática, este sistema ya se usaba antes de inaugurar el siglo XX, pero fue entonces cuando compositores como Debussy y especialmente Messiaen empezaron a crear obras basadas enteramente en su uso.

Dado que todos los intervalos son idénticos, el efecto que creará la escala será el mismo independientemente de la nota de inicio. Lo que significa que sólo hay dos series de notas posibles en una escala aumentada. La versión que mostramos a continuación emplea las notas Do – Re – Mi – Fa# – Sol# – La#, pero también podrían usarse las mismas notas aumentadas un semitono (Do# – Re# – Fa – Sol – La – Si).

Obsérvese que, dado que no hay una referencia tonal, en la escala de tonos podremos utilizar las notas enarmónicas dependiendo del gusto o la conveniencia de cada uno.

▶ 9 / 11

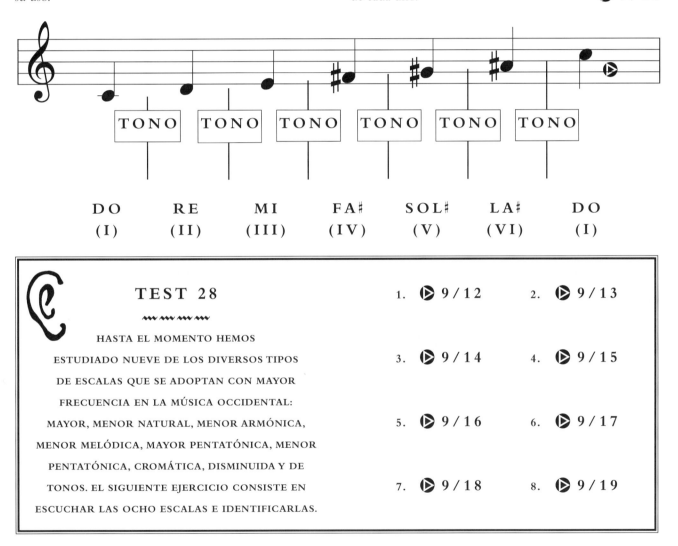

DO	RE	MI	FA#	SOL#	LA#	DO
(I)	(II)	(III)	(IV)	(V)	(VI)	(I)

TEST 28

〰〰〰〰

HASTA EL MOMENTO HEMOS ESTUDIADO NUEVE DE LOS DIVERSOS TIPOS DE ESCALAS QUE SE ADOPTAN CON MAYOR FRECUENCIA EN LA MÚSICA OCCIDENTAL: MAYOR, MENOR NATURAL, MENOR ARMÓNICA, MENOR MELÓDICA, MAYOR PENTATÓNICA, MENOR PENTATÓNICA, CROMÁTICA, DISMINUIDA Y DE TONOS. EL SIGUIENTE EJERCICIO CONSISTE EN ESCUCHAR LAS OCHO ESCALAS E IDENTIFICARLAS.

1. ▶ 9 / 12   2. ▶ 9 / 13

3. ▶ 9 / 14   4. ▶ 9 / 15

5. ▶ 9 / 16   6. ▶ 9 / 17

7. ▶ 9 / 18   8. ▶ 9 / 19

RESUMEN DE LA LECCIÓN 9

∞∞∞∞

HE AQUÍ UN RESUMEN DE LOS PRINCIPALES PUNTOS TRATADOS EN ESTA LECCIÓN:

- LA ESCALA PENTATÓNICA MAYOR
- LA ESCALA PENTATÓNICA MENOR
- LA ESCALA CROMÁTICA

- LAS ESCALAS DISMINUIDAS
- ESCALAS ÉTNICAS
- LA ESCALA DE TONOS O ESCALA AUMENTADA

LECCIÓN 10

Matices de interpretación

Desde una perspectiva puramente mecánica, la música se crea a partir de la combinación de notas de diferentes tonos y duraciones. Pero hay otro elemento crucial: el volumen. Si tocáramos cada nota exactamente con el mismo matiz, el resultado sería muy monótono. Lo mismo se puede decir del movimiento. La música escrita puede incorporar matices de interpretación que proporcionan instrucciones suplementarias al músico sobre cómo hay que tocar cada pieza.

MATICES

Imaginemos cómo actúa un grupo de personas que participa en una conversación. Para dar interés a lo que se dice, se subrayan algunas palabras o frases elevando el volumen. Lo que permite comunicar los puntos de vista o los sentimientos de forma más precisa. Estos MATICES también se registran en la música.

En música, los efectos de matiz se pueden aplicar en tres niveles diferentes: sobre las notas, sobre algún segmento o frase musical y sobre toda la pieza musical.

EFECTOS SOBRE NOTAS SUELTAS

En la página 46 vimos un sencillo ejemplo de cómo dar un volumen más alto a algunas notas para crear una sensación de ritmo y sentimiento dentro de un compás de negras, todas del mismo valor. En aquel caso usamos un ACENTO: una indicación que se plasma en la partitura colocando el símbo-

lo «Λ» sobre la nota o «V» bajo la nota. También se puede señalar el acento con el símbolo «>», que se coloca por encima o por debajo del pentagrama. Aunque estos símbolos a menudo se emplean indistintamente, se suele considerar que el símbolo «>» tiene un efecto más suave que «Λ» o «V».

La utilización de un término tan ambivalente como «suave» sirve de claro ejemplo de lo discrecional que es la interpretación musical. Al contrario de lo que ocurre con los instrumentos eléctricos, no hay forma empírica de regular el volumen de los instrumentos musicales acústicos clásicos, por lo que los acentos no dicen más que «tóquese esta nota algo más fuerte». Pero en realidad el efecto es mucho más sutil. Su uso varía según el contexto musical, dado que la interpretación depende en gran medida de la calidad y la experiencia del intérprete. En cualquier caso, lo que NO significa es que las notas acentuadas deban tocarse lo más fuerte posible.

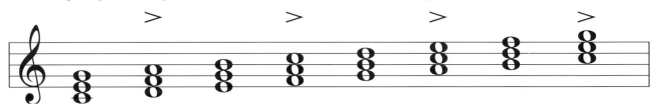

El siguiente ejemplo muestra una serie de acentos sobre acordes alternos. Para resaltar el efecto, se interpreta primero con acentos y luego sin ellos. ▶ 10 / 1

INSTRUCCIONES ESCRITAS

Del mismo modo que se puede indicar el movimiento con palabras específicas escritas en la partitura (véase la p. 49), también es posible señalar el volumen mediante una serie de términos en italiano formados a partir de *piano* (que significa «suave») y *forte* (que significa «fuerte»). «Pianoforte», compuesto por la unión de estos dos vocablos, es el nombre que recibe el piano en italiano.

Cuando se escriben en la partitura, estas descripciones se suelen abreviar con unas indicaciones caligráficas situadas por encima o por debajo del pentagrama. El símbolo para indicar *piano* es $\boldsymbol{p}$; el símbolo para *forte* es $\boldsymbol{f}$. Una instrucción para tocar más fuerte que *forte* es *fortissimo*, que se abrevia $\boldsymbol{ff}$. Si aún se desea elevar más el volumen, se emplea el símbolo *fortississimo* ($\boldsymbol{fff}$). Se pueden añadir aún más símbolos de *forte* —algunos compositores han llegado a incorporar seis—, pero es poco frecuente. Lo mismo se puede decir de la indicación *piano* (véase la tabla de abajo).

Dado que las diferencias entre cada grado de intensidad son muy sutiles, podríamos decir que, más que dar al intérprete unas instrucciones literales y explícitas, las señales de matiz han de interpretarse teniendo en cuenta el carácter de la pieza.

A continuación ofrecemos como ejemplo una secuencia de una sonata de Beethoven. Obsérvese que, al final del cuarto compás, existe una indicación de *forte* que dura hasta el final del séptimo compás, donde se vuelve al *piano*. Esta señal se mantendrá hasta la siguiente indicación de matiz.

INDICACIONES DE MATIZ

∿∿∿∿

LA SIGUIENTE TABLA MUESTRA ALGUNAS DE LAS INDICACIONES DE MATIZ
MÁS EMPLEADAS EN LA MÚSICA ESCRITA.

NOMBRE ITALIANO	DESCRIPCIÓN	ABREVIATURA
FORTE	FUERTE	$\boldsymbol{f}$
PIANO	SUAVE	$\boldsymbol{p}$
MEZZO - FORTE	BASTANTE FUERTE	$\boldsymbol{mf}$
MEZZO - PIANO	BASTANTE SUAVE	$\boldsymbol{mp}$
FORTISSIMO	FORTÍSIMO	$\boldsymbol{ff}$
FORTISSISSIMO	EXTREMADAMENTE FUERTE	$\boldsymbol{fff}$
PIANISSIMO	MUY SUAVE	$\boldsymbol{pp}$
PIANISSISSIMO	EXTREMADAMENTE SUAVE	$\boldsymbol{ppp}$
FORTE PIANO	FUERTE Y REPENTINAMENTE SUAVE	$\boldsymbol{fp}$
POCO FORTE	LIGERAMENTE FUERTE	$\boldsymbol{pf}$
SFORZATO / SFORZANDO	INCIDIENDO CON FUERZA	$\boldsymbol{sf}$
RINFORZATO / RINFORZANDO	CADA VEZ MÁS FUERTE	$\boldsymbol{rf}$
SMORZANDO	CADA VEZ MÁS SUAVE	*smorz*
CALANDO	CADA VEZ MÁS SUAVE Y MÁS LENTO	*cal*

CAMBIOS GRADUALES DE VOLUMEN

A menudo, en una pieza el volumen cambia durante un período de tiempo o mientras suena un grupo de notas. Para indicar estos cambios se usan las marcas *crescendo* y *diminuendo* (o *decrescendo*). *Crescendo* significa literalmente «creciendo» y *diminuendo* se traduce como «disminuyendo». En la música escrita se pueden indicar sobre el pentagrama como *cresc* o *dim*, o mediante las dos indicaciones de «horquilla» que mostramos a la derecha.

Si los cambios de volumen se producen a lo largo de varios compases, la horquilla se extiende sobre todos esos compases para indicar el punto en el que empieza a cambiar el volumen y el punto en que formaliza la instrucción.

El problema de las horquillas es que no señalan la intensidad con que se debe tocar al final. Esto se resuelve inclu-

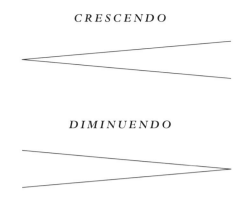

CRESCENDO

DIMINUENDO

yendo indicadores de matiz al final del símbolo. El ejemplo siguiente muestra un *crescendo* a lo largo de cuatro compases con un aumento del volumen de *piano* a *fortíssimo*.

▶ 10 / 2

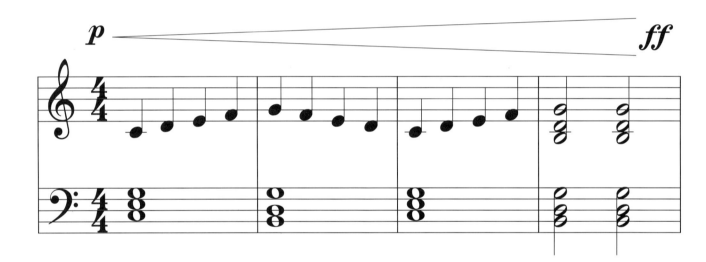

STACCATO

Literalmente significa «despegado» y es una indicación para acortar la longitud de la nota. Aunque se puede indicar de muchos modos, el más común es colocando un punto sobre la cabeza de la nota.

Un problema en la interpretación del *staccato* es decidir exactamente cuánto hay que acortar la nota. No obstante, el *staccato* NO indica que se toque la nota lo más corta posible, para ello existe el concepto *staccatissimo* (que se indica con el símbolo ▲).

Los ejemplos de la derecha muestran un compás de cuatro negras con *staccato* y cómo se pueden tocar como corcheas o como corcheas con puntillo y silencios intermedios. En el CD se reproduce el primer compás tocado sin el efecto del *staccato* y luego con el *staccato*.

▶ 10 / 3

STACCATO

EQUIVALENTES CON SILENCIOS

ADORNOS

Existen una serie de símbolos o indicaciones escritas que pueden aparecer en una pieza musical pero que no dan instrucciones precisas de cómo debe tocarse, con lo que se deja la decisión al intérprete, que lo hará con arreglo a su experiencia interpretativa. En música clásica, estas indicaciones se suelen llamar ADORNOS. En las dos páginas siguientes ofrecemos una selección de los más comunes.

LA *ACCIACCATURA*

En algunas piezas musicales se incluye una nota de tamaño mucho más reducido delante de otra. Esta nota minúscula –que a veces se denomina NOTA DE GRACIA– puede ser una *ACCIACCATURA* o una APOYATURA.

La *acciaccatura* se escribe con una raya que cruza el palo de la nota, y se puede interpretar de tres formas diferentes. Puede tocarse justo antes del tiempo; sobre el tiempo pero poniendo todo el énfasis en la nota principal, o al mismo tiempo que la nota principal, pero tocada en *staccato*. Esta última opción sólo se puede aplicar en instrumentos que permitan tocar más de una nota a la vez.

Independientemente de cómo se interprete la *acciaccatura*, su valor NUNCA se cuenta en la suma total de valores del compás.

A continuación presentamos dos ejemplos de *acciaccatura*. En el segundo compás se usa un grupo de notas. Se presentan como semicorcheas y se han de tocar lo más rápidamente posible.   ▶ **10 / 4**

LA APOYATURA

Aunque parece similar a la *acciaccatura* (sin la raya transversal), su nombre nos proporciona una pista de la diferencia que existe entre una y otra. La nota siempre cae en el tiempo y luego se resuelve con la principal. En otras palabras, la apoyatura se apoya literalmente en la nota principal.

El músico se enfrenta a dos problemas cuando topa con una apoyatura. El primero es que se puede confundir con una *acciaccatura* (porque las rayas transversales no se usan siempre correctamente). En segundo lugar, aunque la apoyatura se suele presentar como una semicorchea, no significa necesariamente que se «coma» una semicorchea de la nota principal. En el siglo XVIII C. P. E. Bach (hijo de J. S. Bach) la definió de forma informal exponiendo que equivalía a la mitad del valor de la nota principal si ésta era divisible por dos, y a dos tercios si era divisible por tres. Aunque esta «regla» resulta práctica, no se puede aplicar rígidamente; la cuestión suele quedar a la discreción del intérprete.

En el fragmento siguiente observamos una apoyatura usada junto a un acorde. En este ejemplo, el adorno SÓLO

está vinculado a las notas más altas de cada acorde (de Sol en ambos casos). Ello significa que NO es la apoyatura la que cae al inicio del tiempo, inmediatamente seguida por el acorde, sino las notas Do, Re y Fa. Medio tiempo después (según la fórmula de Bach), el Fa se convierte en Sol, mientras que el Do y el Re se sostienen. El segundo ejemplo muestra el mismo acorde tocado en una octava superior.   ▶ **10 / 5**

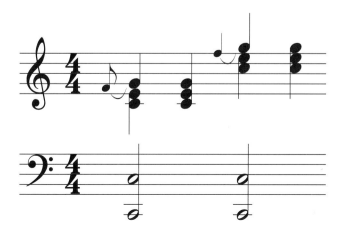

TRINOS Y *MORDENTES*

Un TRINO es un efecto ornamental muy extendido mediante el cual se alterna una nota a gran velocidad con una nota inmediatamente superior o inferior en ese tono. Los trinos se pueden indicar con el símbolo «*tr*» sobre la nota o con una línea en zigzag (en algunos casos se señala con ambos signos). El ejemplo siguiente muestra un trino sobre una negra (un Do) y cómo se podría interpretar.

▶ 10 / 6

Obsérvese que en la última frase hemos dicho «se podría». De hecho, la duración del trino depende mucho del contexto musical —en algunos casos podría significar incluso sólo una alteración—.

Un *MORDENTE* es un tipo de trino en el que la nota principal se alterna con la nota INFERIOR. Se muestra con una línea en zigzag cortada por una raya. El efecto inverso se consigue sin la raya transversal. Estas dos formas se conocen, respectivamente como mordente SUPERIOR e INFERIOR.

GRUPETOS

∽∽∽∽

UN *GRUPETO* ES UN EFECTO ORNAMENTAL MEDIANTE EL CUAL UNA NOTA, SOBRE LA QUE SE COLOCA UNA «S TUMBADA» SE TOCA COMO UNA FLORITURA USANDO LAS DOS NOTAS ADYACENTES. EN EL EJEMPLO INFERIOR, UN DO NEGRA CON GRUPETO SE PUEDE TOCAR COMO RE - DO - SI - DO EN UN GRUPO DE SEMICORCHEAS. SI EL SÍMBOLO APARECE ENTRE DOS NOTAS, SIGNIFICA QUE EL GRUPETO SE HA DE INTERPRETAR DE FORMA QUE ACABE AL EMPEZAR EL TIEMPO DE LA SEGUNDA NOTA.

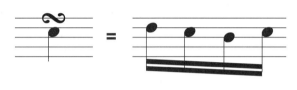

MORDENTE INFERIOR   *MORDENTE* SUPERIOR

TRÉMOLO

A lo largo de la historia de la música, los términos *VIBRATO* y *TRÉMOLO* se han usado como sinónimos, pero en realidad crean dos efectos muy diferentes.

El *trémolo* consiste en la repetición de una nota muy rápidamente. En los instrumentos con arco se puede crear este efecto moviendo el arco arriba y abajo contra las cuerdas a gran velocidad; en la guitarra, con un rápido movimiento de la púa; en el piano, presionando de prisa la tecla repetidamente.

El *trémolo* se puede indicar con varios trazos cruzados (abajo, izquierda). Tal como veremos en la página siguiente, este recurso de escritura tiene otras aplicaciones posibles.

▶ 10 / 7

VIBRATO

El *vibrato* se usa en la mayoría de instrumentos de cuerda y con la voz humana. El efecto creado es una vibración ligera pero consistente del tono, con lo que se logra un sonido lleno y rico, especialmente en una sala de audiciones, donde la reverberación natural provoca la fusión de los diferentes tonos.

Los intérpretes de instrumentos con arco y los guitarristas pueden crear este efecto agitando la mano izquierda adelante y atrás desde la muñeca. Con los instrumentos de viento se consigue este mismo efecto regulando con cuidado el flujo de aire. El *vibrato* no se puede producir con instrumentos de tono invariable, como el piano.

▶ 10 / 8

TRÉMOLO   ALTERNATIVA   *VIBRATO*

REPETICIONES

Finalizaremos hablando de algunos de los métodos que han evolucionado a lo largo de los siglos para ahorrar tiempo y espacio en la escritura y para facilitar la lectura.

En la música las repeticiones tienen una gran importancia. Si las escribiéramos con todas sus notas, existirían enormes fragmentos idénticos. Afortunadamente, esto no es necesario: mediante una serie de símbolos, se pueden repetir notas, compases e incluso fragmentos enteros.

REPETICIÓN DE NOTAS

El símbolo de la raya transversal es la abreviatura musical estándar que se emplea para indicar la repetición de notas o de un patrón de notas. Si colocamos una raya transversal sobre cualquier tipo de nota, con ello señalamos que ésta se toque descompuesta en el número de corcheas que le corresponden. Por ejemplo, la redonda con una raya por encima o por debajo (véase a la derecha) significa que se deben tocar ocho corcheas de ese tono.

Es evidente que este recurso es un ejemplo de economía en la escritura. Si añadimos una segunda raya, significa que la división es en semicorcheas (véanse los ejemplos inferiores a la derecha). Añadiendo una o dos rayas más dividiríamos la nota en fusas y semifusas, respectivamente.

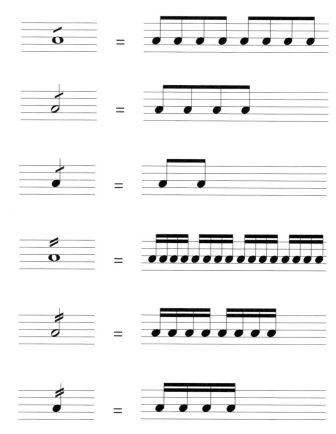

El mismo principio se puede usar para pares alternos de notas. En el ejemplo siguiente, las semicorcheas del primer compás se pueden abreviar con las dos redondas separadas por dos rayas paralelas del segundo compás.

REPETICIÓN DE PARTE DE UN COMPÁS

Los compases y sus partes se pueden repetir usando una serie de barras oblicuas, que también se emplean al escribir los acordes de forma abreviada con sus nombres cuando no se usa el pentagrama.

En el interior de un compás, una o más rayas oblicuas tras un acorde indican que se debe repetir ese acorde en cada tiempo en el que aparezcan. El ejemplo siguiente muestra un acorde de Do mayor repetido en todos los tiempos del primer compás. En el segundo compás el acorde sólo aparece una vez, seguido de tres rayas oblicuas. Ambos compases sonarán idénticos.

Los grupos de notas del interior de un compás también se pueden repetir de ese mismo modo. Una raya oblicua tras un grupo de corcheas significa que se ha de repetir ese grupo; si la raya es doble («//») significa que se repite un grupo de semicorcheas, y una raya triple («///») se usa para indicar la repetición de un grupo de fusas.

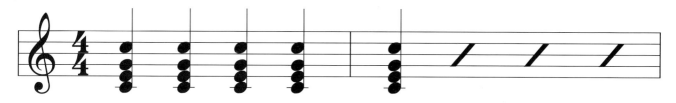

REPETICIÓN DE COMPASES ENTEROS

Una raya oblicua con puntos a los lados (✗) señala la repetición de un compás o una serie de compases. Cada vez que aparezca este símbolo, se ha de repetir el primer compás escrito hasta que se indique lo contrario.

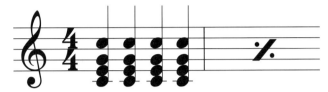

REPETICIÓN DE COMPASES DE SILENCIO

Un compás de silencio, tal como indica su nombre, es un compás compuesto únicamente por un silencio. Aunque pueda parecer un concepto extraño, si escuchamos una obra sinfónica observaremos que los músicos no están tocando en todo momento. De hecho, los intérpretes que tienen una participación limitada permanecerán en silencio la mayoría del tiempo. No obstante, es imprescindible que puedan seguir la partitura para saber cuándo deben tocar su parte.

Durante siglos se fueron perfeccionando las técnicas de escritura abreviada para intentar resolver este problema. Se desarrolló una selección de símbolos para indicar los silencios de entre dos y ocho compases. A partir de ese momento apareció un compás con una gruesa barra horizon-

REPETICIONES CORTAS
∞∞∞

UNA FORMA ALTERNATIVA DE INDICAR LA REPETICIÓN DE COMPASES ENTEROS ES EL USO DE LA PALABRA LATINA «BIS», QUE SIGNIFICA «DOS VECES». SUELE ESCRIBIRSE POR ENCIMA DEL FRAGMENTO EN CUESTIÓN CON UNA LLAVE CUADRADA QUE INDICA LA EXTENSIÓN DEL MISMO.

tal y un número encima, que indicaba al intérprete cuántos compases de descanso tenía que esperar. En el siglo XIX se adoptó la costumbre de usar ese método para cualquier silencio de dos o más compases.

El ejemplo siguiente muestra una indicación de que el intérprete debe permanecer en silencio durante los siguientes 32 compases.

REPETICIÓN DE SECCIONES

Ya hemos visto un ejemplo sencillo de repetición de una sección en un capítulo anterior del curso. Se hacía colocando un par de puntos al inicio y al final de una divisoria doble para indicar que TODO lo que quedaba entre esas barras debía repetirse. En la práctica, la repetición de largos fragmentos musicales puede plantear complicaciones y ser fuente de confusiones.

Las barras de repetición suelen aparecer por pares. La única excepción es cuando el inicio del fragmento que se tiene que repetir coincide con el inicio de la pieza. Observemos el siguiente ejemplo simplificado y cómo se desarrolla su lectura (en la columna de la derecha):

- **1.** Se tocan los compases 1 y 2.
- **2.** El signo de repetición al final del compás 2 nos envía de nuevo al inicio de la pieza.
- **3.** Se repiten los compases 1 y 2.
- **4.** Esta vez no se hace caso del signo de repetición que existe al final del compás 2 –puesto que sólo hay que seguirlo una vez, y que, de otro modo nunca pasaríamos del compás 2.
- **5.** Se tocan los compases 3 y 4.
- **6.** El signo de repetición del final del compás 4 indica que hay que volver al signo de inicio de la repetición, que está al principio del compás 3.
- **7.** Se repiten los compases 3 y 4 y se sigue adelante.

COMPÁS 1   COMPÁS 2   COMPÁS 3   COMPÁS 4

OTRAS INDICACIONES
DE REPETICIÓN

Se pueden indicar repeticiones más complejas, como *da capo* y *dal segno*. *Da capo* significa «desde la cabeza». Es una indicación de que se debe repetir la pieza desde el inicio hasta encontrar la marca *fine* («final») o alguna otra señal alternativa. *Da capo* suele abreviarse «*D.C.*», bajo una divisoria.

La indicación *dal segno* actúa de un modo similar. Significa literalmente «desde la señal», e indica que se ha de repetir la pieza desde la señal 𝄋. También en este caso la música sigue hasta llegar al *fine*.

FINALES

Un pasaje puede tener un final diferente la primera vez y la segunda usando llaves de primer final y segundo final. En este ejemplo se deben tocar los compases 1 a 4 has-

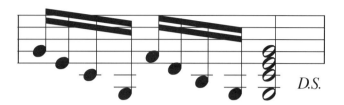

ta llegar al signo de repetición. Luego se vuelven a tocar los compases 1 a 3. El compás de primer final indica que el compás 4 sólo se toca la primera vez y que, cuando se repite el fragmento, se omite, pasando al compás 5.   ▶ 1 0 / 9

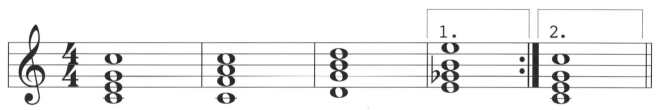

TEST 29

SEÑALE EN QUÉ ORDEN SE DEBEN TOCAR ESTOS NUEVE COMPASES, TENIENDO EN CUENTA LOS SIGNOS DE REPETICIÓN.

RESUMEN DE LA LECCIÓN 10

∞∞∞∞

ÉSTOS SON LOS PUNTOS PRINCIPALES QUE HEMOS TRATADO EN ESTA LECCIÓN:

- INDICACIONES DE MATIZ
- *STACCATO*
- *ACCIACCATURA* Y APOYATURA
- TRINOS Y *MORDENTES*
- *TRÉMOLO* Y *VIBRATO*
- INDICACIONES DE REPETICIÓN

APÉNDICE A

Particularidades de los instrumentos

Las reglas básicas de la lectura musical se pueden aplicar a cualquier instrumento. No obstante, los hay que requieren una notación especial. Muchos instrumentos de viento, por ejemplo, están transportados, de modo que las notas escritas en el pentagrama no reflejan el tono final. En las próximas cuatro páginas veremos ejemplos de las notas que lee el intérprete; el registro de notas escrito debajo muestra cómo suenan realmente esas notas.

INSTRUMENTOS DE METAL

Los instrumentos de metal pueden plantear una dificultad especial en la transcripción de la música, puesto que muchos miembros de esa familia son DE TRANSPOSICIÓN. Esto significa que las notas que suenan tienen un tono diferente al que resultaría si se tocaran con la mayoría de instrumentos. Veamos el ejemplo de la trompeta.

TROMPETA (BAJA A SI♭)

Si un trompetista lee y toca la nota Do, sonará un Si♭ real. Ello significa que si queremos que la trompeta toque junto a otros instrumentos en tono de Do la partitura de este instrumento deberá escribirse en tono de Re.

Aunque pueda parecer complicado, la regla es bastante sencilla: cualquiera que sea el intervalo que transporta el instrumento, la partitura debe transcribirse transponiendo el MISMO INTERVALO en la DIRECCIÓN CONTRARIA. Por ejemplo, la trompeta BAJA una 2ª mayor (de Do a Si♭), de modo que la música debe transcribirse SUBIÉNDOLA una 2ª mayor (de Do a Re).

Todos los pentagramas que aparecen en la página siguiente reflejan el registro del instrumento tal como lo lee el músico –los límites del registro real (en los casos en que varía)– aparecen indicados debajo.

TROMPETA PÍCCOLO (SUBE A RE)

Es una trompeta de tono especialmente alto que traspone una 2ª mayor. De hecho, a menudo se le llama «trompeta en Re». Su registro es idéntico al de la trompeta, pero el sonido es muy distinto, especialmente en la parte alta del registro, donde crea un tono mucho más puro.

CORNETA (BAJA A SI♭)

La corneta es básicamente una trompeta, pero con el tubo cónico en vez de cilíndrico.

FISCORNO (BAJA A SI♭)

El fiscorno obedece a las mismas reglas que la trompeta, aunque tiene un registro algo menor.

TROMPA (BAJA A FA)

La trompa tiene un registro muy amplio, por lo que la partitura puede aparecer escrita tanto en clave de Fa como en clave de Sol. Transporta una 5ª justa hacia abajo.

TROMBÓN TENOR Y BAJO

La música para el trombón tenor (que es como se denomina con exactitud el instrumento que la mayoría de personas simplemente llama trombón) se escribe en clave de Fa. Las tres primeras notas que aparecen son TONOS PEDALES –las notas entre el pedal más alto (Si♭) y el límite inferior del registro de tonos (Mi) no se pueden tocar en el trombón–. Tanto el trombón tenor como el bajo tocan sin transposición.

TUBA

La tuba es el instrumento de metal de registro más bajo, por lo que las partituras para este instrumento se escriben en clave de Fa. Las

notas por debajo del Fa más bajo sólo se pueden tocar como tonos pedales. El «8» de tamaño reducido escrito debajo de la nota inferior indica que esta nota está una octava por debajo de lo escrito.

Hay diversos tipos de tuba, pero todas se suelen tocar sin transposición.

INSTRUMENTOS DE MADERA

Al igual que los instrumentos de metal, algunos miembros de la familia de la madera transponen.

FLAUTA CONTRALTO (BAJA A SOL)

La flauta travesera o «de concierto» toca sin transposición. La flauta bajo transpone una octava hacia abajo pero la flauta contralto, en cambio, transpone una 4ª justa hacia abajo.

FAGOT

El fagot se clasifica como instrumento de «doble caña» debido a que no tiene una boquilla convencional, sino dos cañas unidas. Su equivalente agudo, el oboe, también se toca sin transposición.

CLARINETE (BAJA A SI♭)

Hay diferentes tipos de clarinete, aunque el de Si♭ es el más común.

FAMILIA DE SAXOFONES (VARIOS)

Los cuatro tipos principales de saxofón tienen un registro muy diferente, pero todos usan una notación transportada de modo que la música escrita para CUALQUIER saxofón suena igual.

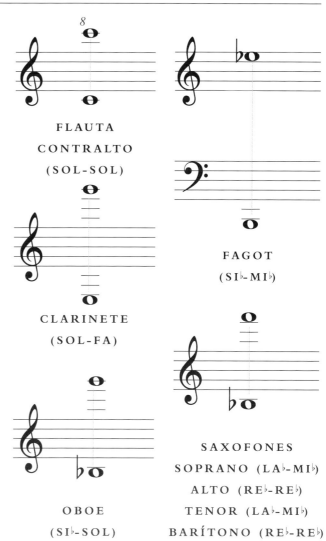

La gama completa es la siguiente: el saxofón soprano baja una 2ª mayor; el contralto, una 6ª mayor; el tenor, una 9ª mayor y el barítono una 13ª mayor.

INSTRUMENTOS DE ARCO

Existen cuatro instrumentos de cuerda con arco. Son el violín, la viola, el violonchelo y el contrabajo. Entre paréntesis indicamos el sonido natural de cada cuerda, ordenadas de la más grave a la más aguda.

VIOLÍN (SOL - RE - LA - MI)

El instrumento de tono más agudo de la familia es el violín, que tiene un registro práctico que va del Sol 2 (por debajo del Do de referencia, o Do 3) al Mi tres octavas y media más alto.

VIOLA (DO - SOL - RE - LA)

La viola, de aspecto similar al violín pero de tamaño algo mayor, tiene un tono más bajo. Una peculiaridad de la viola es que parte de su registro se suele escribir en clave de do. Las notas en esta clave son Fa - La - Do - Mi - Sol (en las líneas) y Sol - Si - Re - Fa (en los espacios).

VIOLONCHELO (DO - SOL - RE - LA)

La música para violonchelo muchas veces se escribe en clave de Sol, pero en la práctica la mayoría de intérpretes están más familiarizados con la clave de Fa.

CONTRABAJO (MI - LA - RE - SOL)

Las partituras escritas para contrabajo están transportadas una octava hacia arriba, de modo que su registro, de Mi a Sol, está escrito una octava por encima del sonido real. Dado que la mayoría de la música que se escribe para contrabajo suele ocupar la parte baja de su registro, resulta más fácil escribirla transportada. De lo con-

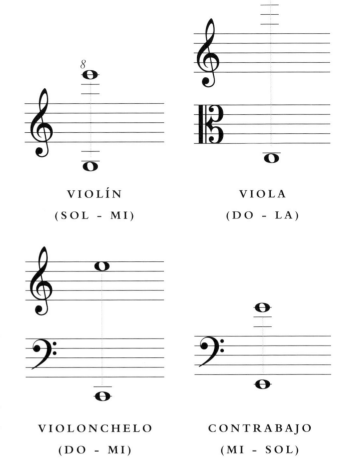

VIOLÍN
(SOL - MI)

VIOLA
(DO - LA)

VIOLONCHELO
(DO - MI)

CONTRABAJO
(MI - SOL)

trario, la mayoría de las notas aparecerían en líneas adicionales. Lo mismo se suele hacer con las guitarras bajo.

Se pueden tocar notas por encima del Sol, pero incluso para un buen intérprete es difícil acertar una buena entonación. En cualquier caso, en una orquesta lo más probable sería que fuera el violonchelo el que tocara esa parte.

LA VOZ HUMANA

∞∞∞∞

A PARTIR DEL SIGLO XIX SE EMPEZARON A CLASIFICAR LAS VOCES DE LOS CANTANTES SEGÚN CUATRO TIPOS BÁSICOS: BAJO Y TENOR PARA LOS HOMBRES Y CONTRALTO Y SOPRANO PARA LAS MUJERES. AQUÍ MOSTRAMOS SU REGISTRO APROXIMADO. ADVIÉRTASE QUE LOS REGISTROS SE CRUZAN CONSIDERABLEMENTE. DE HECHO, LA MAYORÍA DE VOCES NATURALES QUEDAN A MEDIO CAMINO ENTRE LOS DIFERENTES REGISTROS. UNA BUENA PARTE DE VOCES MASCULINAS SON DE BARÍTONO; LA MAYORÍA DE VOCES FEMENINAS SON DE MEZZO SOPRANO. A VECES TAMBIÉN SE OYEN OTROS TÉRMINOS: UN BASSO PROFUNDO ES UNA VOZ DE HOMBRE EXCEPCIONALMENTE GRAVE. DEL MISMO MODO, UN HOMBRE QUE CANTA EN EL REGISTRO DE UNA CONTRALTO SE LLAMA CONTRATENOR. UN FALSETTO ES UN HOMBRE QUE CANTA CON VOZ DE SOPRANO.

BAJO   TENOR

CONTRALTO   SOPRANO

BATERÍA Y PERCUSIÓN
∞∞∞

LA ESCRITURA MUSICAL PARA LA BATERÍA
Y LOS INSTRUMENTOS DE PERCUSIÓN EN GENERAL
DEPENDE DE LA NATURALEZA DE CADA UNO DE LOS
INSTRUMENTOS. LOS INSTRUMENTOS DE TONOS
MÚLTIPLES, COMO EL CARILLÓN Y EL XILÓFONO,
USAN UNA NOTACIÓN ESTÁNDAR, ESCRITA
RESPECTIVAMENTE UNA Y DOS OCTAVAS POR
DEBAJO DE SU SONIDO. LA PARTITURA DE LOS
INSTRUMENTOS CON TONO, COMO LOS TIMBALES,
PUEDE ESCRIBIRSE EN CLAVE DE FA; LOS CAMBIOS
DE TONO CARACTERÍSTICOS, EFECTUADOS CON UN
PEDAL O CON UNA LLAVE, PRODUCEN *GLISSANDOS*.
ESCRIBIR UNA PARTITURA COMPLETA PARA
PERCUSIÓN ES UNA TAREA MUY COMPLEJA, PORQUE
LA TÉCNICA INTERPRETATIVA SE HA DESARROLLADO
BÁSICAMENTE DURANTE EL ÚLTIMO SIGLO Y CASI
NO TIENE UNA FUNCIÓN PROPIA EN EL REPERTORIO
CLÁSICO. LA MAYORÍA DE COMPOSITORES
DE MÚSICA POPULAR LO DEJAN A LA
DISCRECIÓN DEL INTÉRPRETE, DANDO
COMO MUCHO INSTRUCCIONES GENERALES
EN CUANTO AL ESTILO Y EL SENTIMIENTO.

INCLUSO EN EL JAZZ MÁS FORMAL, MIENTRAS LAS
PARTITURAS DE LOS DEMÁS INSTRUMENTOS ESTÁN
CLARAMENTE ESPECIFICADAS, ES RARO ENCONTRAR
UNA PARTITURA COMPLETA PARA LA BATERÍA. NO
OBSTANTE, SE PUEDE ESCRIBIR UNA PARTITURA
PARA TODO UN GRUPO DE INSTRUMENTOS DE
PERCUSIÓN CON UN PENTAGRAMA CON COMPÁS
PERO SIN CLAVE, PUESTO QUE EL TONO QUE DARÁ
CADA COMPONENTE NO VARIARÁ. LAS LÍNEAS
Y LOS ESPACIOS SE PUEDEN USAR PARA INDICAR
DIFERENTES TIPOS DE INSTRUMENTO. SE EMPLEA
LA ESCRITURA ESTÁNDAR PARA INDICAR LOS
VALORES DE LAS NOTAS, PERO A VECES SE PUEDEN
ADOPTAR NOTAS CON CRUCES EN VEZ DE CABEZA
PARA FACILITAR LA LECTURA. AL PRINCIPIO DEL
PENTAGRAMA SE ESCRIBE LA LEYENDA QUE INDICA
A QUÉ INSTRUMENTOS CORRESPONDE CADA
LÍNEA. EN ESTE EJEMPLO, EL BOMBO APARECE
EN LA LÍNEA INFERIOR.

PLATO CHARLES
CAJA
BOMBO

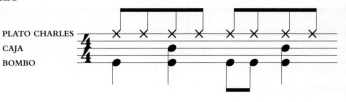

GUITARRA (MI - LA - RE - SOL - SI - MI)

Las partituras escritas para guitarra se transportan una octava hacia arriba. Para ser técnicamente correctos, la música de guitarra debería aparecer en una clave de Sol con un pequeño «8» junto al rabillo, lo que indica que toda la música escrita en ese pentagrama debe tocarse una octava más alta. En la práctica, esto se da por sabido y se usa la clave de Sol sin modificaciones.

Obsérvese que el registro que mostramos a la derecha cubre cuatro octavas. Las notas más altas sólo son posibles en algunos tipos de guitarra eléctrica —las que tienen un mástil de 24 trastes (dos octavas)—. Dado que en la guitarra española tradicional no se puede acceder con facilidad a la parte alta del registro es relativamente extraño que los intérpretes de guitarra clásica toquen más allá del 15º traste de la primera cuerda, que da un Sol. Sin embargo sí es posible crear notas de un tono más alto en trastes inferiores usando los armónicos.

A veces también se puede tocar por debajo del Mi de la sexta cuerda. Se puede «modificar el tono» afinando la guitarra de otro modo para crear diversos efectos. No obstante, si se baja el tono de la sexta cuerda más de una 3ª mayor, lo habitual es que quede excesivamente floja para dar un tono consistente. Por otra parte, el desarrollo de la guitarra de siete cuerdas, poco extendida, permite disponer de una gama de bajos mucho mayor, al añadir una cuerda Si por debajo del Mi más grave.

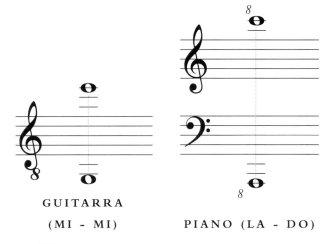

GUITARRA
(MI - MI)

PIANO (LA - DO)

PIANO

Técnicamente es un instrumento de percusión (porque cada tecla está unida a un martillo que golpea una cuerda), y se presenta en una amplia gama de tamaños y formas, desde el más pequeño de los «verticales» al mayor de los pianos de cola. Un piano de cola de concierto ofrece uno de los registros más amplios de todos los instrumentos: empieza en un La —más de tres octavas por debajo del Do central— y llega al Do situado tres octavas por encima del Do central. Para escribir música con un registro tan enorme se deben añadir símbolos de octava por encima del pentagrama en clave de Sol y por debajo del pentagrama en clave de Fa.

APÉNDICE B

Glosario

Hay miles de términos musicales que no hemos podido tratar en este curso. A continuación presentamos un glosario con algunas de las expresiones más comunes que aparecen en una partitura o al hablar de teoría de la música. Esta lista, que no pretende ser exhaustiva, también puede servir de manual de referencia cuando sea necesario recordar algún término previamente aprendido.

A CAPPELLA

Significa literalmente «en la capilla». Es música coral cantada sin acompañamiento de ningún instrumento musical.

A TEMPO

Significa literalmente «a tiempo» e indica que se ha de volver al tiempo original tras una modificación.

ABSTOSSEN

Véase *Staccato*.

ACCELERANDO

Cada vez más rápido.

ACCIACCATURA

Efecto ornamental que consiste en una nota de adorno que se antepone a otra normal. Esta nota aparece escrita en un tamaño más reducido para indicar que su duración no se incluye en el recuento del compás. En la práctica, el paso de una nota a la otra es muy rápido, de modo que la *acciaccatura* apenas se percibe. Debe tocarse dentro del tiempo de la nota principal.

ACCIÓN

En el piano o el órgano, mecanismo que crea el sonido cuando se aprieta una tecla; en la guitarra la altura de las cuerdas por encima del mástil.

ACCORDARE/ACCORDER

Afinar.

ACENTO

Efecto de interpretación dinámico que resalta algunas notas específicas en una secuencia, dándoles un mayor volumen o creando efectos rítmicos.

ACOMPAÑAMIENTO

Cualquier forma de refuerzo instrumental, aplicable a las voces pero también usado para distinguir entre instrumentos principales y secundarios.

ACORDE

El sonido de tres o más notas de diferente tono tocadas simultáneamente. Un acorde de tres notas se conoce como tríada.

ACORDE ALTERADO

Acorde en el que se ha variado al menos una de las notas mediante una alteración.

ACORDE COMÚN

Tríada mayor.

ACORDE ROTO

Véase Arpegio.

ACÚSTICO

Instrumento no eléctrico. La acústica estudia el comportamiento del sonido, fundamental para la percepción auditiva del músico.

AD LIBITUM

Instrucción que significa que el intérprete puede tocar libremente o improvisando. También significa que, en una partitura múltiple, se puede omitir una voz o un instrumento.

ADAGIO

Literalmente significa «con tranquilidad». Indica un movimiento más lento que el *andante* pero más rápido que el largo. Su forma en diminutivo es *adagietto*, que es algo más rápido que el *adagio*.

ADAGISSIMO

Extremadamente lento; más lento que el *adagio*.

ADDOLORATO

Indicación de interpretación que significa «con dolor» o «afligido».

AFFETTUOSO

Indicación de que una pieza tiene que tocarse con dulzura; este término tiene una lejana conexión con la doctrina de los afectos, del siglo XVII, postura defendida por un grupo de compositores que opinaba que la música debía liberar las pasiones del oyente, fueran éstas de amor, odio o alegría.

AGITATO

Indicación de interpretación que significa literalmente «agitado» o «con nervio».

ALLA BREVE

Tocado con un compás de blancas, en la práctica un dos sobre dos.

ALLA MARCIA

Instrucción para que se toque a ritmo de marcha.

ALLEGRO

Interpretado con un movimiento rápido. Literalmente significa «alegre». Su forma en diminutivo es *allegretto*, que significa bastante rápido, pero no tanto como en el *allegro*.

ALTERACIÓN

Cada uno de los símbolos usados en la música escrita para elevar o rebajar el tono de una nota en uno o dos semitonos. Un sostenido (♯) eleva el tono en un semitono; un doble sostenido (𝄪) eleva el tono en dos semitonos; un bemol (♭) rebaja el tono en un semitono; y un doble bemol (♭♭) rebaja el tono

en dos semitonos. El efecto de los sostenidos y los bemoles se puede «anular» usando un símbolo conocido como becuadro (♮).

AMORTIGUACIÓN

Acción de detener las vibraciones de una cuerda que está sonando con la mano derecha o levantando enseguida los dedos de la mano izquierda.

ANDANTE

Movimiento intermedio, tocado «al paso». *Andantino* suele indicar algo más rápido que *andante*. *Molto andante* indica que el tiempo debe ser aún más vivo.

ANIMANDO

Implica una aceleración del movimiento. Obsérvese que también se puede interpretar como «poniendo alma» (en italiano, *anima*).

APOYATURA

Nota de adorno que se diferencia de la *acciaccatura* en que toma la mitad del valor de la nota principal. También puede emplearse para indicar la ligadura entre dos notas en los instrumentos de cuerda.

ESCRITO   TOCADO

ARCO/ARCHI

Instrucción que indica que se vuelva a tocar con el arco tras haber estado tocando en *pizzicato*.

ARIA

Pieza de música para una sola voz con acompañamiento instrumental. También puede formar parte de una obra mayor, como una ópera.

ARMADURA

Disposición de sostenidos o bemoles al inicio del pentagrama para definir una tonalidad.

ARMONÍA

Efecto que crean una serie de notas tocadas a la vez, y el creado por estos intervalos y acordes entre ellos.

ARMONÍA CERRADA

Término que se usa para describir las tres voces más agudas cuando cantan en tríadas cerradas en un conjunto armónico de cuatro voces.

ARMÓNICO

Efecto vibratorio creado en los instrumentos de cuerda colocando el dedo en puntos específicos de la cuerda. Se señala con un pequeño círculo blanco sobre la nota o con una nota en forma de rombo.

ARPEGIO

Las notas de un acorde tocadas en sucesión rápida en vez de simultáneamente. Se suele indicar con una línea ondulada. También hay quien lo llama «acorde roto».

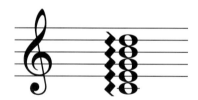

ARTICULACIÓN

Definición del ataque y la duración de cada nota o acorde. Entre los símbolos de articulación escritos en el pentagrama están la ligadura, que limita las frases, y el *staccato*, que acorta la duración de una nota.

ATONAL

Música compuesta eliminando deliberadamente la tríada tónica central y el uso de la armonía diatónica, empleando libremente los doce tonos de la escala cromática.

AUMENTADO

Intervalo creado aumentando un intervalo mayor en un semitono.

BAJO

La voz más baja de una composición polifónica; también corresponde a la voz humana más baja; término usado para hacer referencia al contrabajo o a la guitarra bajo; registro de bajas frecuencias que se pueden filtrar electrónicamente.

BAJO ALBERTI

Figura de acompañamiento popularizada por el compositor italiano Domenico Alberti (1709-1740) en la que las notas de una tríada se tocan en secuencia I - V - III - V. El ejemplo más significativo es la *Sonata para piano en Do M* (K.545) de Mozart.

BECUADRO

Véase Alteraciones.

BEL CANTO

Técnica de canto que busca un sonido sin irregularidades en todo el registro. Literalmente significa «canto bello».

BEMOL

Véase Alteraciones.

BIS

Indicación de repetir un pasaje corto.

BITONALIDAD

Uso simultáneo de dos o más tonos en una misma pieza musical.

BRAVURA, CON

Indicación de que una composición o un pasaje se debe tocar con gran brío.

BREVE

La nota corta en la notación mensural (en comparación con la *longa,* nota larga). Equivale a la cuadrada actual (con un valor de dos redondas).

CADENCIA

Frase musical que crea una sensación de descanso o resolución al final. La cadencia más usada es la «cadencia perfecta».

CADENCIA IMPERFECTA

Cadencia que va de la tónica a la dominante; suele ser una frase intermedia en una pieza musical.

CADENCIA PERFECTA

Cadencia que se resuelve desde la dominante (V) a la tónica (I). Es la forma más común de cadencia con la que suelen acabar las piezas musicales.

DOMINANTE (V)   TÓNICA (I)

CADENCIA PLAGAL

Cadencia que se resuelve desde la subdominante (IV) a la tónica (I).

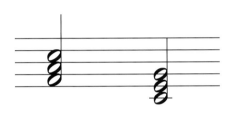

SUBDOMINANTE (IV) TÓNICA (I)

CADENCIA ROTA

Cadencia que va de la dominante a cualquier acorde que no sea el tónico.

CADENZA

Pasaje ornamental utilizado con frecuencia en las penúltimas notas de una cadencia, a veces en forma de acorde. En la mayoría de casos, esta cadencia indica el final de la composición o del movimiento y se resuelve en la tónica.

CADENZATO

Cadencioso, rítmico.

CALANDO

Suavizándose, muriendo.

CALDERÓN

Símbolo colocado por encima o por debajo de una nota o de un silencio y que indica que se debe alargar más allá de su duración normal. Antes del siglo XX se le solía llamar corona.

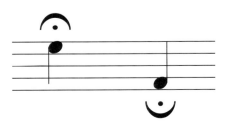

CALMATO

Calmado, tranquilo.

CÁMARA, MÚSICA DE

Composiciones creadas para su interpretación en grupos reducidos, como los cuartetos de cuerda.

CANTARE SUPER LIBRUM

Improvisación vocal sobre una melodía existente.

CAÑA

Por extensión, familia de instrumentos que incorporan una caña que se ajusta a la boquilla (o dos cañas unidas) para crear el sonido. Forman parte de este grupo el clarinete, el saxofón, el fagot y el oboe. Los dos últimos son instrumentos «de doble caña».

CAPRICCIOSO

Indicación de que una pieza se debe tocar caprichosamente, o al gusto del intérprete.

CASTRATO

Varón que era castrado en la infancia para que conservara su registro vocal de contralto o soprano. También conocidos como *«evirati»*, los *castrati* eran muy habituales en la música lírica durante los siglos XVII y XVIII.

CEJILLA

Barra mecánica que se ajusta a un instrumento de cuerda con trastes para obtener una transposición.

CEJILLA, HACER

Método empleado en los instrumentos polifónicos de cuerda como la guitarra que consiste en colocar el dedo índice atravesando todas las cuerdas, lo que permite al intérprete presionar un mayor número de puntos del mástil a la vez.

CELERE/CELEREMENTE

Indicación de que se debe tocar con agilidad.

CHANSON

En francés, «canción». El término resulta ambiguo porque tiene una gran variedad de usos en música.

CINQUILLO

Grupo de cinco notas tocadas en el tiempo correspondiente a cuatro.

CLAVE

Símbolo colocado al inicio del pentagrama y que determina el tono de todas las notas que se escriben en las líneas de dicho pentagrama. Se suelen usar tres tipos de clave: la de Sol, la de Fa y la de Do. La clave de Do en tercera se considera la clave de contralto y la de Do en cuarta se dice que es la clave de tenor.

CLAVE DE SOL   CLAVE DE FA   CLAVE DE DO

CODA

Pasaje de conclusión de una pieza musical.

COMODO

Indicación que significa que se ha de tocar a una velocidad no forzada.

COMPÁS

Unidad de tiempo musical. Las notas que contiene, combinadas, suman un valor fijo de tiempo definido por el quebrado de compás. Los compases están separados por barras divisorias.

COMPÁS COMPLETO

El compás de cuatro por cuatro o dos por dos. Se indica con los símbolos «C» (cuatro por cuatro) y «¢» (dos por dos).

COMPÁS, (QUEBRADO DE)

Símbolos numéricos colocados al inicio de un pentagrama para indicar el compás o tiempo. El superior indica el número de tiempos de cada compás; el número, el tipo de nota que compone cada tiempo.

CONCORDANCIA

Característica de los intervalos que se consideran consonantes. Se aplica, específicamente, a los intervalos entre la fundamental (1ª) y las notas 3ª, 4ª, 5ª, 6ª y 8ª.

CONTRALTO

Voz femenina grave o voz masculina aguda. Es el segundo registro vocal en altura, por debajo de la soprano y por encima del tenor.

CONTRAPUNTO

Dos o más líneas melódicas tocadas a la vez.

CONTRATENOR

Un contralto varón.

CORAL, MÚSICA

Música interpretada por un coro en el que cada voz la canta más de un vocalista.

CORCHEA

Nota que tiene un valor equivalente a la mitad de una negra. *Véase* Notas.

CRESCENDO

Indicación de interpretación que señala un aumento gradual del volumen. Lo contrario del *diminuendo* o *decrescendo*.

CROMÁTICA

Escala que incluye los doce tonos posibles, separados entre sí por un semitono.

CUARTETO

Composición escrita para cuatro intérpretes; nombre que se le da a un grupo de cuatro músicos.

DA CAPO

Significa literalmente «desde la cabeza». Señala que el intérprete debe volver al inicio de la pieza y acabar en la doble barra que lleva la indicación *fine*, o a un signo de repetición como el *al segno* o «𝄋». El término suele abreviarse **D.C.**

DAL SEGNO

Significa literalmente «desde la señal», e indica que el intérprete debe repetir una secuencia desde el punto marcado con el signo «𝄋». Se puede abreviar **D.S.**

DECISO/DECISAMENTE

Indicación de que se debe tocar con decisión.

DECRESCENDO

Véase Crescendo y *Diminuendo*.

DELICATO

Indicación de que se ha de tocar con delicadeza.

DIABOLUS IN MUSICA

El «diablo en la música»; nombre que se le daba en el siglo XVII al «tritono» o intervalo de tres tonos enteros. Se consideró disonante y su uso quedó prohibido por diversos teóricos de la música de aquel tiempo.

DIATÓNICO

Sistema de escalas mayores y menores de siete notas.

DIMINUENDO

Indicación de interpretación que señala una reducción gradual del volumen. Lo contrario del *crescendo*. A veces también denominado *decrescendo*.

DISCORDANCIA

Característica de los intervalos que se consideran disonantes. Se aplica, específicamente, a los intervalos entre la fundamental (1ª) y las notas 2ª y 7ª.

DISMINUIDO

Intervalo creado reduciendo un intervalo justo o menor en un semitono; también se aplica a un acorde menor con una 5ª reducida o a un acorde con intervalos de 3ª menor.

DO 3 O DO CENTRAL

Nota central del teclado de un piano que también sirve como tono de referencia para otros instrumentos de la orquesta. En clave de sol, se escribe sobre la primera línea adicional por debajo de un pentagrama.

DOBLAR

Interpretar la misma serie de notas en dos instrumentos. Las dos voces suelen estar en el mismo tono, aunque a veces separadas por una octava.

DOBLE BARRA

Dos líneas verticales que atraviesan el pentagrama e indican el final de una pieza musical o de un movimiento.

DOBLE BEMOL

Véase Alteraciones.

DOBLE SOSTENIDO

Véase Alteraciones.

DOMINANTE

El 5º grado de una escala mayor o menor. La tríada construida sobre este grado es una tríada dominante; la séptima construida sobre este grado es una séptima dominante.

DOPPIO MOVIMENTO

Indicación de interpretar un pasaje al doble de velocidad.

DÓRICO, MODO

Escala modal construida a partir del segundo grado de la escala mayor.

DÚO

Composición para dos intérpretes.

DUOLO/DOLORE

Indicación de que se debe tocar con pena o pesar.

EMBOCADURA

Colocación correcta de los labios y la boca en los intérpretes de instrumentos de viento.

EMPFINDUNG, MIT

Término alemán que indica que se toque con sentimiento o emoción.

ENARMÓNICO

Nota que se puede definir con diferentes nombres. Por ejemplo, las notas Do♯ y Re♭ se consideran equivalentes enarmónicos.

ENTONACIÓN

Grado de exactitud del tono y de la afinación entre los músicos de una formación.

EÓLICO, MODO

Escala modal que empezaba en el sexto grado de la escala mayor.

ESCALA

Serie de notas estructuradas en una secuencia predefinida, del tono más bajo al más alto.

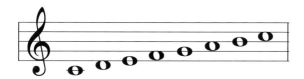

ESCALA DE DO MAYOR

ESCALA DE TONOS

Escala de seis notas separadas por intervalos de 2ª. También conocida como «escala aumentada».

ESCALA PENTATÓNICA

Escala que se basa en cinco notas. Es uno de los sistemas escalares más antiguos, y las variantes pentatónicas se usan en la cultura musical de todo el mundo. La pentatónica menor, o «escala de blues», se usa con frecuencia en el jazz, el R&B y la música rock.

ESPACIO

Hueco entre dos líneas de un pentagrama.

ESPRESSIVO

Indicación de que se ha de tocar de forma expresiva.

ESTRIBILLO

Segmento de una pieza musical que se repite periódicamente. El de una canción pop es un ejemplo típico.

EXPRESIÓN, INDICADORES DE

Palabras o símbolos escritos en una partitura para guiar al intérprete sobre aspectos que no sean el tono o el ritmo: matices, articulación y movimiento, por ejemplo.

FACILE/FACILMENTE

Tocar con desenvoltura.

FALSETTO

Voz de hombre que canta en un registro de soprano.

FLEBILE

Quejumbroso o acongojado.

FORTE/FORTISSIMO/FORTISSISSIMO

Serie de indicaciones de que el intérprete debe tocar más fuerte. *Forte* es la de menor intensidad, y *fortissimo* la más intensa. Los términos se suelen presentar con abreviaturas caligráficas: *f*, *ff* y *fff*, respectivamente.

FORTE-PIANO

Indicación de que se debe tocar fuerte y luego suave. Se escribe con la abreviatura caligráfica *fp*.

FORZA/FORZANDO

Indicación de que se debe tocar con fuerza.

FRASE

Segmento musical limitado que puede identificarse como coherente y «completo» dentro del contexto de una composición. Generalmente no dura más que unos compases y se puede identificar en música escrita con una ligadura.

FRIGIO, MODO

Modo que se construye a partir del tercer grado de la escala diatónica mayor.

FUGA

Tipo de composición en el que una línea melódica pasa de una voz a otra. La voz inicial luego hace de acompañamiento de contrapunto. Este proceso se prolonga independientemente del número de voces que haya.

FUSA

Nota que vale un octavo de tiempo en un compás de cuatro por cuatro. En EE.UU. también se le llama treintaidosavo. *Véase* Notas.

GENERALPAUSE

Término alemán que significa literalmente «pausa general» o silencio de todos los intérpretes de la orquesta. Suele aparecer en la partitura como G.P.

GLISSANDO

Movimiento deslizante continuo entre dos notas diferentes. En el teclado del piano el efecto se puede producir arrastrando el dedo por las notas blancas o negras, creando una escala muy rápida de notas sucesivamente mayores o menores. En otros instrumentos este efecto produce un cambio continuado de tono que a veces también se define como *PORTAMENTO*. El efecto se escribe en la partitura uniendo la nota inferior y superior con una línea. A veces también se escribe una «s» minúscula sobre la línea.

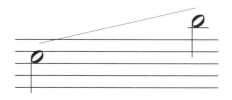

GRADOS DE LA ESCALA

La posición de cada nota dentro de la escala. Se puede especificar con números árabes o romanos. Los grados también tienen nombres: tónica (I), supertónica (II), mediante (III), subdominante (IV), dominante (V), superdominante (VI) y subtónica o sensible (VII).

GRAZIOSO

Indicación de que se debe tocar con gracia.

GREGORIANO, CANTO

También conocido como canto llano. Es el tipo de canto litúrgico predominante durante la Edad Media.

GRUPETO

Adorno con el que la nota en cuestión se toca como una rápida sucesión de notas con la inmediatamente inferior y superior.

HEXACORDO

Conjunto de seis notas tocadas simultáneamente.

IMPROVISACIÓN

Puede ser la creación de una obra original durante el transcurso de una interpretación. En la tradición clásica la improvisación suele estar limitada, dando al intérprete un mayor grado de flexibilidad en los adornos y otros aspectos de interpretación.

INTERPRETACIÓN, INDICADORES DE

Palabras o símbolos escritos sobre una partitura para indicar aspectos de la interpretación que no quedan estrictamente determinados por las notas del pentagrama.

INTERVALO

Relación entre dos notas diferentes numeradas en función del grado que ocupan en el sistema de escalas diatónicas.

INTERVALO COMPUESTO

Intervalo de más de una octava

INVERSIÓN

Orden de las notas de un acorde contando desde el tono inferior. Si la fundamental es la nota más grave, se dice que el acorde está en estado fundamental. Si la más grave es la 3ª, el acorde está en primera inversión; si la más grave es la 5ª, está en segunda inversión; si es la 7ª la más grave, se dice que el acorde está en tercera inversión.

JÓNICO, MODO

Escala modal a partir de la cual se derivó la escala mayor diatónica.

JOYEUX

Indicación de que una pieza musical se debe tocar con alegría.

L.H.

Del inglés *left hand*, con la mano izquierda.

LAMENTOSO/LAMENTABILE

Indicación para que el intérprete toque una pieza con un aire triste.

LARGO

Lento o majestuoso.

LEGATO

Indicación para tocar una secuencia de notas en una sucesión lo más lenta posible, sin separación entre las notas sucesivas. A menudo se señala englobándolas con una ligadura, pero en ocasiones también se abrevia *Leg.*

LEGNO

Indicación para que el intérprete de un instrumento con arco golpee las cuerdas con la madera del arco en vez de con el pelo.

LENTO

Indicación para tocar extremadamente despacio.

LIBRETO

Texto de una ópera.

LICENZA

Tocado con libertad de movimiento o ritmo.

LIDIO, MODO

Modo que empieza en el 4º grado de la escala mayor.

LIGADO

En los instrumentos de cuerda como la guitarra, el efecto de apoyar uno de los dedos de la mano del mástil sobre una cuerda en vibración para crear un tono más alto. También se puede usar el principio contrario separando el dedo de la cuerda en vibración para obtener una nota más grave. Estos términos aparecen en partituras inglesas o americanas como «hammering-on» y «pulling-off» respectivamente.

LIGADURA

Línea curva que une dos notas con el mismo tono y que indica que el valor de la segunda se debe sumar al de la primera, y que la segunda nota en realidad NO se toca. Se usa sobre todo para alargar notas pasando de un compás al siguiente.

LÍNEA ADICIONAL

Línea corta que permite la transcripción de notas más allá de las cinco notas del pentagrama.

LOCO

Del latin, «lugar». Indicación para volver a la tonalidad original tras haber recibido la instrucción de tocar en otra tonalidad, generalmente con un intervalo de una octava de diferencia. Abreviado *loc.*

LOCRIO, MODO

Escala modal que empieza en el 7º grado de la escala mayor.

LONGA

En notación mensural, la nota larga o *maxima.*

LÚGUBRE

Que debe tocarse con aire triste, con dolor.

LUNGA

Pausa o silencio prolongado.

LLAVE

Símbolo usado para unir pentagramas que se deben tocar simultáneamente. La música de piano suele presentarse en un pentagrama en clave de Sol y otro en clave de Fa, para las manos derecha e izquierda, respectivamente.

M.D.

Mano destra, Main droit, mano derecha.

M.G.

Main gauche, mano izquierda.

M.S.

Mano sinistra, mano izquierda.

MAESTOSO

Que debe tocarse con majestuosidad.

MANCANDO

Indicación de que la música debe crear la ilusión de irse desvaneciendo. Abreviado como *Manc.*

MARCAS DE RESPIRACIÓN

Símbolo usado en la música vocal para indicar dónde se debe respirar. Suelen usarse comas voladas.

MARZIALE

Indicación de que la música debe tocarse con aire militar.

MATIZ, INDICACIONES DE

Términos, símbolos y abreviaturas usados para indicar diferentes volúmenes o transiciones de uno a otro.

MEDIANTE

Tercer grado de la escala mayor.

MEDIO PASO

Término usado en EE.UU. para describir un intervalo de semitono.

MELODÍA

Patrón de notas sueltas que forman una secuencia coherente.

MELODÍA SECUNDARIA

La que acompaña a la principal.

MENSURAL, NOTACIÓN

Sistema de escritura musical usado entre los siglos XIII y XVI, atribuido mayoritariamente a Franco de Colonia (¿ – *c.* 1250). Los principales valores eran *maxima, longa, breve y semibreve* (en la imagen, de izquierda a derecha).

METAL, INSTRUMENTOS DE

Familia de instrumentos de viento como la trompeta, la tuba y el trombón.

METRÓNOMO

Aparato mecánico usado para marcar el ritmo o movimiento de una pieza musical en tiempos por minuto. También conocido como «metrónomo de Maelzel» en honor de quien patentó la idea. En la música impresa, a menudo aparecen las letras «MM» seguidas de una nota-tipo y un valor para especificar el *tempo* o movimiento.

MICROTONO

Intervalo apreciable menor que un semitono. Su uso en las formas de música occidental es muy restringido.

MIXOLIDIO, MODO

Modo que empieza en el 5º grado de la escala mayor.

MODERATO

Indicación de que se toque a velocidad moderada.

MODO

Serie de escalas fijas que predominaban durante la Edad Media y a partir de las que evolucionó el sistema diatónico actual de escalas mayores y menores. Los siete modos que se pueden construir a partir de la escala mayor son jónico (I), dórico (II), frigio (III), lidio (IV), mixolidio (V), eólico (VI) y locrio (VII).

MODULACIÓN

Movimiento de un tono a otro dentro de una pieza musical.

MONODIA

Música consistente en una sola línea melódica.

MONOFONÍA

Música que comprende una sola voz.

MORDENTE

Ornamento que indica que una nota se toque como un «trino» con una nota adyacente. Un *mordente superior* (izquierda) alterna la nota con el semitono superior; el *mordente inferior* (derecha) se interpreta con el semitono inferior.

MOVIMIENTOS

Cualquier segmento independiente de una obra mayor, como una sinfonía o un concierto. Velocidad a la que se toca una pieza musical, generalmente medida en tiempos por segundo, especificando un tipo de nota. *Véase* también Metrónomo.

NEGRA

Nota que vale un tiempo en un compás de cuatro por cuatro.

NEUMA

Cada uno de los símbolos usados en la notación de canto llano entre los siglos IX y XII.

NON TROPPO

Significa ligeramente «no demasiado».

NOTA DE REFERENCIA

La nota que da el organista, por ejemplo, para proporcionar al coro un tono de referencia antes de empezar a cantar.

NOTA EXTRAÑA

Término usado en contrapunto para describir una nota que está un tono por encima o por debajo de una nota consonante.

NOTA WOLF

Nota obtenida en cualquier tipo de instrumento acústico que es muy diferente en tono o calidad a las demás, resultante de las propiedades acústicas del instrumento.

NOTAS

Símbolos usados en la música escrita para indicar el tono y la duración de un sonido. Los principales son (de izquierda a derecha): redonda, blanca, negra, corchea, semicorchea, fusa y semifusa.

NOVENA AÑADIDA, ACORDE DE

El compuesto al añadir una 9ª por encima de la fundamental de una tríada. Se diferencia de un acorde de novena simple, que añade la 9ª a un acorde de séptima.

NUOVO

Nuevo.

OBBLIGATO

Literalmente significa «obligado», término usado para describir una melodía secundaria de acompañamiento que es extremadamente importante y no se puede omitir bajo ningún concepto.

OBERTURA

Composición orquestal que hace de introducción de una obra amplia.

OCTAVA

Intervalo cuyas dos notas tienen el mismo nombre pero en que la frecuencia de la nota inferior es la mitad de la de la nota superior. Se abrevia Ott., 8va u 8ª. Cuando se escribe esta indicación sobre un pentagrama, las notas deben tocarse una octava por encima de lo escrito; cuando se escribe bajo el pentagrama, han de tocarse una octava por debajo.

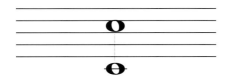

OCTETO

Pieza de música de cámara escrita para ocho músicos.

OPUS

Término no específico que hace referencia a una composición musical. Se suele usar para designar un número de catálogo en la obra de un compositor. Generalmente, abreviado *op.*

ORNAMENTACIÓN

Alteración de una pieza musical para darle mayor efectividad o belleza, habitualmente introduciendo notas o cambios dinámicos.

OSSIA

Término usado para indicar una versión alternativa de un pasaje, generalmente facilitado.

OSTINATO

Estructura corta que se repite a lo largo de toda una pieza musical.

OTTAVA

En italiano, «octava». *Véase* Octava.

OTTAVA BASSA/OTTAVA ALTA

Octava inferior; octava superior

PALO

Línea vertical que se une a la cabeza de una nota. El valor de la nota se puede reducir progresivamente a la mitad añadiendo un corchete o rabillo al extremo del palo.

PARLATO/PARLANDO

Indicación de que se cante hablando. Usado más frecuentemente en la ópera cómica.

PARTITURA

Notación de toda una pieza de música para una formación musical, escrita de modo que las partes simultáneas queden alineadas verticalmente.

PASO

Véase Tono.

PASO, ACORDE/NOTA DE

Acorde o nota con una clara función subordinada a los/las que tiene a ambos lados. De hecho es una especie de intermediario armónico.

PAUSA

Véase Fermata

PEDAL, TONO

Nota grave que se mantiene mientras suena cualquier estructura armónica variable a la vez. Un típico ejemplo es el tono de fondo de las gaitas.

PELOG

Tono indonesio usado en música gamelan.

PENTACORDIO

Acorde que comprende cinco tonos diferentes.

PENTAGRAMA

Grupo de líneas paralelas horizontales y sus espacios intermedios sobre los que se colocan las notas para definir su tono.

PERDENDOSI

Indicación de que se cree un efecto de desvanecimiento de la música.

PIANO/PIANISSIMO/PIANISSISSIMO

Indicaciones de que el intérprete debe tocar a menor volumen, de las que *pianissimo* indica el mínimo. Suelen aparecer escritas como *p*, *pp* y *ppp* respectivamente.

PIANOFORTE

Nombre técnicamente correcto del piano; también es una indicación de interpretación para que se toque fuerte y suave inmediatamente después. Suele aparecer escrito en la partitura como *pf*.

PIMA

Nombre de los dedos de la mano derecha en guitarra clásica: «P» (pulgar), «I» (índice), «M» (medio) y «A» (anular).

PIZZICATO

En música escrita para cuerda, indicación de pellizcar las cuerdas con los dedos en vez de frotarlas con el arco. Se suele abreviar *pizz*.

PLECTRO O PÚA

Accesorio generalmente hecho de plástico, asta, carey o marfil usado para tocar las cuerdas de instrumentos como la guitarra, la mandolina o el banjo.

POCO

En italiano, «poco». Forma parte de expresiones como *poco a poco*, *fra poco* («enseguida»), *pochetto* o *pochettino* («muy poco») y *pochimissimo* («extremadamente poco»).

POLICORDIO

Acorde compuesto de dos acordes diferentes.

POLIFONÍA

Música que combina dos o más voces.

PORTAMENTO

Véase Glissando.

PRALLTRILLER

Nombre que también se da al mordente superior.

PRELUDIO

Composición completa cuya doble función es la de atraer la atención del oyente y establecer el tono o la cadencia de la música que le sigue.

PRESTO

Indicación de que se debe tocar muy rápido, más que en un *allegro*.

PRIMA/PRIMO

En italiano significa literalmente «primero»; se usa en combinación con otras indicaciones de interpretación como *prima volta* («primera vez») o *primo tempo* («primer tiempo», que señala que se debe volver al movimiento original con el que empezó la pieza).

PUNTEADO

Técnica que consiste en tirar de las cuerdas de la guitarra en vez de rasguearlas.

PUNTILLO

Punto situado tras cualquier tipo de nota que aumenta su valor en la mitad. Se puede añadir un segundo puntillo para sumarle un cuarto de su valor; un tercer puntillo añadiría un octavo más.

QUINTETO

Composición escrita para cinco intérpretes; nombre dado a un grupo de cinco músicos.

R.H.

Right hand, indicación que se puede encontrar en una partitura para teclado y que significa que un fragmento se debe tocar con la mano derecha.

RAGA

Modo usado en la música del norte de India.

RASGUEADO

Modo de interpretar usado por los guitarristas de flamenco.

REGISTRO

Rango de tonos que abarca una voz o un instrumento.

RELATIVA, MAYOR O MENOR

Escala que guarda relación con su correspondiente menor o mayor; las notas y los acordes construidos sobre cualquier escala mayor son los mismos que los de la escala menor relativa, que es la construida a partir del 6º grado de la escala mayor.

REPETICIÓN

Indicación de que se debe repetir un fragmento musical, limitado con dobles barras u otros signos de repetición.

RESOLUCIÓN

Movimiento de una nota disonante a otra consonante.

RESTRINGENDO

Cada vez más rápido.

RETENU

Indicación de que se debe retener la marcha y tocar más despacio.

RIGOROSO

Estricto.

RINFORZANDO

Indicación de que se han de acentuar las notas repentinamente.

RISOLUTO

Indicación de que se tiene que tocar con decisión y energía.

RITARDANDO

Indicación de tocar cada vez más lento.

RITENUTO

Instrucción de bajar de pronto el ritmo.

RITMO

Patrón de movimiento en el tiempo de las notas y los acentos.

RITMO DE FONDO

Término usado en la música moderna para describir el efecto rítmico de un tambor en los tiempos segundo y cuarto de un compás.

RUBATO, TEMPO

Significa literalmente «tiempo robado». Indicación que permite al intérprete dejar de respetar el movimiento existente y acelerar o reducir la velocidad según su preferencia.

RUEDA DE QUINTAS

Círculo completo con los doce tonos posibles ordenados por intervalos de 5ª justa. Ideada por Johann David Heinechen en el siglo XVIII.

SCHERZO/SCHERZANDO

Literalmente significa «broma» o «bromeando». Indica que se debe tocar una pieza alegremente. También implica un movimiento rápido.

SECUENCIA

Repetición de una frase musical a intervalos graduales ascendentes o descendentes.

SEGNO

Literalmente significa «signo». El símbolo («𝄋») sirve para marcar el inicio o el final de una sección que se repite. El signo debe ir acompañado de una indicación *dal segno*, que significa «desde el signo» o de *al segno*, es decir, «al signo».

SEGUE

Término que indica que el siguiente fragmento musical sigue inmediatamente, sin interrupciones.

SEMICORCHEA

Nota cuyo valor equivale a la mitad de una corchea. *Véase* Notas.

SEMIFUSA

Nota que vale un dieciseisavo de tiempo en un compás de cuatro por cuatro. En EE.UU. también se llama sesentaicuatroava. *Véase* Notas.

SEMITONO

Intervalo entre dos tonos continuos que representa una duodécima parte de una octava. Es el menor intervalo usado en la gran mayoría de música del mundo occidental. En EE.UU. a veces se le denomina «medio paso».

SEMPRE

Literalmente, «siempre».

SENSIBLE

7º grado de una escala mayor diatónica.

SEPTILLO

Grupo de siete notas que suelen tocarse en el tiempo que correspondería a cuatro o a seis.

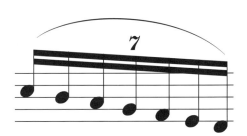

SEXTETO

Composición escrita para seis intérpretes; nombre que se le da a un grupo de seis músicos.

SEXTILLO

Grupo de seis notas que se tocan en el tiempo que correspondería a cuatro.

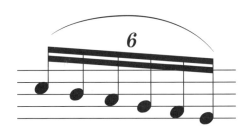

SFORZATO/SFORZANDO

Literalmente significa «forzado» o «forzando», pero suele interpretarse como una indicación de tocar marcando con más fuerza. Se abrevia *sfz*.

SILENCIO O PAUSA

Símbolo colocado sobre el pentagrama que indica un período de tiempo en el que no se toca ninguna nota. Cada uno de los tipos de nota existentes tiene un silencio equivalente. Son (de izquierda a derecha): de redonda, de blanca, de negra, de corchea, de semicorchea, de fusa y de semifusa.

SILENCIOS CON PUNTILLO

Un puntillo situado tras una pausa aumenta el valor de ésta en la mitad. Se usa sobre todo en tiempos compuestos.

SIMILE

Indicación de que se debe seguir tocando como se había indicado; literalmente significa «parecido».

SÍNCOPA

Ritmo que contradice la métrica predominante en la pieza, subrayando los medios tiempos.

SINFONÍA

Obra orquestal compuesta por una serie de movimientos independientes.

SLIDE

Véase Glissando.

SOPRANO

El registro vocal humano más agudo.

SORDINA

Accesorio o mecanismo para reducir el volumen de un instrumento musical. En los instrumentos de metal es un bloque cónico que, colocado en la campana del instrumento, reduce el volumen y altera el tono. En el piano se consigue el efecto equivalente usando el pedal de la derecha.

SOSTENIDO

Véase Alteraciones.

SPICCATO

Técnica usada por los intérpretes de instrumentos de cuerda que consiste en rebotar el arco contra las cuerdas.

STACCATO

Literalmente significa «despegado». Las notas o acordes en *staccato* se tocan reduciendo muchísimo su duración, creando un efecto muy marcado. Suele escribirse con un punto o una cabeza de flecha por encima o por debajo de la nota.

STRETTO

Indicación de que se debe acelerar el movimiento; en una fuga, superponiendo elementos.

SUBDOMINANTE

4º grado de una escala mayor.

SUPERDOMINANTE

6º grado de una escala mayor.

SUPERTÓNICA

2º grado de una escala mayor.

TABLATURA

Tipo de notación usada para los instrumentos de cuerda con trastes que reproduce la posición de las notas sobre los trastes y las cuerdas. En su versión más simple, la tablatura indica únicamente la posición de los dedos. Hay versiones más complejas que incorporan los valores de las notas.

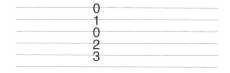

TENEREZZA/TENERAMENTE

Indicación de que se debe tocar con dulzura.

TENOR

Registro vocal superior al del bajo; es el registro natural masculino más agudo.

TENUTO

Indicación de que una nota o un acorde se debe sostener por lo menos hasta completar su duración, en algunos casos creando el efecto de retrasar la nota siguiente. Es lo contrario al *staccato*.

TIEMPO

Pulsación que se agrupa con otras formando patrones de ritmo que se repiten.

TONALIDAD

Tono de referencia en una escala diatónica. Relación entre los tonos que componen una escala y que definen el centro tonal. La música que se puede definir como tonal tiene una tonalidad identificable.

TÓNICA

Primer grado de una escala.

TONO

Frecuencia de una nota determinada por el número de veces que vibra cada segundo.

TONO DE CONCIERTO

Estructura de tonos de referencia con la que se afinan todos los instrumentos que no transponen. La definición científica común es que la nota «La 2», por debajo del Do central, debe tener una frecuencia de 440 ciclos/segundo.

TOSTO

Indicación de que se debe tocar con agilidad o rápidamente.

TRANQUILLO

Indicación de que se debe tocar con calma.

TRANSPOSICION

Efecto de reescribir una partitura en una tonalidad diferente a la original. Suele definirse con el intervalo que separa ambas tonalidades.

TRASTE

Tira de metal que atraviesa el mástil de algunos instrumentos de cuerda, como la guitarra, el laúd o la mandolina y que permite sostener las cuerdas contra el mástil en unos puntos predeterminados.

TRÉMOLO

Efecto ornamental basado en la repetición rápida de una sola nota. Para los intérpretes de instrumentos de cuerda, suele crearse con un rápido movimiento ascendente y descendente del arco; el termino también se usa a veces para describir el efecto de *vibrato* que efectúan los intérpretes de instrumentos

de cuerda con el movimiento de oscilación de la mano izquierda.

TRESILLO

Grupo de tres notas que se tocan en el espacio correspondiente a dos.

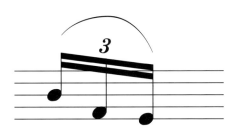

TRÍADA

Acorde compuesto de tres notas separadas por intervalos de 3ª. Hay cuatro formas diferentes (de izquierda a derecha): mayor, menor, disminuida y aumentada.

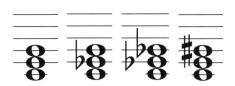

TRÍADAS PRIMARIAS

Término que describe las tres tríadas construidas desde la tónica, la subdominante y la dominante de una escala diatónica.

TRINO

Alteración rápida de dos notas separadas por un semitono.

TRISTE/TRISTEMENTE

Indicación de que se debe tocar con aire triste.

TRITONO
Véase Diabolus in Musica.

TRONCA
Cortada, acentuada.

TUTTI
Literalmente significa «todos», indicación que hace referencia a todos los intérpretes, no únicamente al solista.

UNÍSONO
Intervalo de primera, entre dos notas iguales.

VIBRATO
Ligera fluctuación de tono de una nota que no basta como para que pueda definirse como un intervalo.

VIVACE
Indicación de que se debe tocar con brío.

VOLANTE
Indicación de que se debe tocar a gran velocidad.

VOLTI SUBITO (V.S.)
Indicación de que se debe girar la página rápidamente.

EQUIVALENCIAS EN OTROS IDIOMAS
∞∞∞∞

LA SIGUIENTE TABLA MUESTRA LOS NOMBRES DE LAS NOTAS Y OTROS TÉRMINOS MUSICALES EN LOS PRINCIPALES IDIOMAS MUSICALES.

ESPAÑOL	INGLÉS (BRIT.)	FRANCÉS	ALEMÁN	ITALIANO
La	A	La	A	La
La sostenido	A sharp	La diése	Ais	La diesis
La bemol	A flat	La bémol	Aes	La bemolle
Si	B	Si	H	Si
Si sostenido	B sharp	Si diése	His	Si diesis
Si bemol	B flat	Si bémol	B	Si bemolle
Do	C	Do	C	Do
Do sostenido	C sharp	Do diése	Cis	Do diesis
Do bemol	C flat	Do bémol	Ces	Do bemolle
Re	D	Re	D	Re
Re sostenido	D sharp	Re diése	Dis	Re diesis
Re bemol	D flat	Re bémol	Des	Re bemolle
Mi	E	Mi	E	Mi
Mi sostenido	E sharp	Mi diése	Eis	Mi diesis
Mi bemol	E flat	Mi bémol	Ees	Mi bemolle
Fa	F	Fa	F	Fa
Fa sostenido	F sharp	Fa diése	Fis	Fa diesis
Fa bemol	F flat	Fa bémol	Fes	Fa bemolle
Sol	G	Sol	G	Sol
Sol sostenido	G sharp	Sol diése	Gis	Sol diesis
Sol bemol	G flat	Sol bémol	Ges	Sol bemolle
Mayor	Mayor	Majeur	Dur	Maggiore
Menor	Menor	Mineur	Moll	Minore
Sostenido	Sharp	Diése	Kreutz	Diesis
Doble sostenido	Double sharp	Double diése	Doppelkreutz	Doppio diesis
Bemol	Flat	Bémol	Be	Bemolle
Doble bemol	Double flat	Double bémol	Doppel-be	Doppio bemolle
Becuadro	Natural	Bécarre	Auflösungszeichen	Bequadro
Redonda	Semibreve	Ronde	Ganze	Semibreve
Blanca	Minim	Blanche	Halbe	Bianca
Negra	Crotchet	Noire	Viertel	Nera
Corchea	Quaver	Croche	Achtel	Croma
Semicorchea	Semiquaver	Double-croche	Sechzehntel	Semicroma
Fusa	Demisemiquaver	Triple-croche	Zweiunddreissigstel	Semibiscroma

Soluciones

Estas son las soluciones a los 29 tests propuestos a lo largo de las diez lecciones de este curso. En algunos casos se trataba de comparar las respuestas con la grabación del CD: estos casos están claramente indicados. En el resto de ejercicios, si ha respondido mal, vuelva a la página del libro en cuestión y asegúrese de que entiende POR QUÉ ha fallado la respuesta y POR QUÉ es correcta la que indicamos aquí.

TEST 1 (PÁGINA 13)

1. A.
2. B.
3. A.
4. D.
5. B.
6. D.
7. C.
8. A.

TEST 2 (PÁGINA 15)

Ejercicio 1   Do, La, Sol, Mi, Fa, Si, Mi, Fa.

Ejercicio 2   Do, Sol, Si, Re, Re, Fa, La, Sol.

Ejercicio 3   Fa, Si, La, Sol, Do, Sol, Do, Re.

Ejercicio 4   Fa, Mi, Re, Sol, Si, Do, Re, Mi.

Ejercicio 5   Sol, Re, Sol, Do, Sol, Re, Do, Si.

TEST 3 (PÁGINA 17)

Ejercicio 1   Fa, Re, La, Do, Sol, Si, La, Re.

Ejercicio 2   Mi, Fa, Re, La, Sol, Mi, Do, Sol.

TEST 4 (PÁGINA 20)

Ejercicio 1   Do♯, Fa♯, Mi♭, Fa♯, Fa (Fa natural), Mi♭, Sol♯, Fa♯.

Ejercicio 2   Si♭, Fa♯, Re♭, Do♯, Sol♯, Fa♯, Si♭, Si.

Ejercicio 3   Do♯, Sol♯, Re♭, Sol♯, Sol, Si♭, Do, La♯.

Ejercicio 4   Do, Si, Do♯, Re, Si♭, Mi♭, Fa, Sol.

Ejercicio 5   Fa♯, Do♯, Sol♯, Do♯, Mi, La, Sol, Sol♯.

TEST 5 (PÁGINA 21)

Ejercicio 1   La 3ª nota (Mi) es Fa en el CD.

Ejercicio 2   La 2ª nota (Re) repite un Do en el CD.

Ejercicio 3   La 4ª nota (Mi) suena Re en el CD.

Ejercicio 4   La 1ª nota (Do) suena Re en el CD.

Ejercicio 5   La 4ª nota (Do) suena Mi en el CD.

Ejercicio 6   La 2ª nota (Do) suena Si en el CD.

TEST 6 (PÁGINA 27)

Compruebe las respuestas en las pistas 2/10, 2/11, 2/12, 2/13 y 2/14 del CD.

TEST 7 (PÁGINA 30)

Compruebe las respuestas en las pistas 2/18, 2/19 y 2/20.

TEST 8 (PÁGINA 32)

Ejercicio 1   Pista 2/22 del CD.

Notas: Do, Fa, Mi, Re, Mi, Do, Sol, Fa, Fa♯, Fa.

Ejercicio 2   Pista 2/23 del CD.

Notas: Do, Si, La, Sol, Do, Do, Re, Re, Sol, Fa.

Ejercicio 3   Pista 2/24 del CD.

Notas: Si, La, Sol, La, Si, Re, Do, Si, La.

Ejercicio 4   Pista 2/25 del CD.

Notas: Do, Sol, La, Fa, Do, La, Fa, Do, Re, Fa, Mi, Sol, Fa.

Ejercicio 5   Pista 2/26 del CD.

Notas: Do, Mi, Fa, Sol, Sol, La, Fa, Re, Fa, Sol, La, Si.

TEST 9 (PÁGINA 33)

El pentagrama C coincide con la pista 2/27 del CD.

TEST 10 (PÁGINA 33)

Dado que el compás es de cuatro por cuatro, cada compás debería sumar un total de cuatro tiempos. De hecho, ambos compases sobrepasan los cuatro tiempos: el primero tiene medio tiempo de más y el segundo tiene dos tiempos de más.

Una solución satisfactoria consistiría simplemente en cambiar el valor del silencio de negra (un tiempo) del primer compás por un silencio de corchea (medio tiempo), con lo que se eliminaría el medio tiempo sobrante.

En el segundo compás, podría sustituirse la pausa de redonda (cuatro tiempos) por una de blanca. Así se reduce la cuenta total de tiempos de seis a cuatro, con lo que se corrige la suma total.

TEST 11 (PÁGINA 37)

Ejercicio 1   Pista 3/6 del CD.

  Notas: Fa, Mi, Do, Re, Mi, Fa, Mi, Re, Si♭, Do, Re, Mi, Fa.

Ejercicio 2   Pista 3/7 del CD.

  Notas: Sol, La, Si, Do, Re, Si, Mi, Fa♯, Sol, Fa, Mi, Re.

Ejercicio 3   Pista 3/8 del CD.

  Notas: Fa♯, Sol, Sol♯, Sol, Sol♯, La, Fa♯.

TEST 12 (PÁGINA 39)

1. Do mayor.
2. No, lleva el Si♭.
3. Do.
4. Dos.
5. No.
6. Si.
7. Sí.
8. No, en la cuarta línea.

9. El tono es La mayor. La secuencia correcta de notas es: La, Si, Do♯, Re, Mi, Fa♯ y Sol♯.
10. Sol♯.
11. No necesariamente, si se cuenta hacia abajo, el intervalo tiene siete semitonos.
12. Cuatro bemoles.
13. No, esto no puede ocurrir en ningún tono: las notas ocupan diferentes posiciones según los distintos tipos de llave.
14. Sí, es Mi.
15. No.
16. Suenan igual, pero técnicamente no son la misma nota.
17. No. Do mayor no lleva ningún sostenido.
18. Tres.
19. Si♭ y Mi♭.
20. Sí, Do y Si respectivamente. Como entre las dos teclas hay una distancia de un semitono, también hay una distancia de un semitono entre TODOS sus grados respectivos.

TEST 13 (PÁGINA 46)

1. Cuatro por cuatro.
2. Cuatro por cuatro.
3. Tres por cuatro.
4. Tres por cuatro.
5. Seis por ocho.
6. Dos por cuatro.
7. Tres por cuatro.
8. Dos por cuatro.

TEST 14 (PÁGINA 47)

1. Compás: Cuatro por cuatro
   Tono: Do mayor
   Notas: Mi, Sol, La, Si, La, Sol, Fa, Sol.
2. Compás: Cuatro por cuatro
   Tono: La mayor
   Notas: La, Si, Do♯, Re, Mi.
3. Compás: Tres por cuatro
   Tono: Re mayor
   Notas: Si.
4. Compás: Cinco por cuatro
   Tono: Do mayor
   Notas: Do, Re, Mi, Fa, Mi, Re, Fa.
5. Compás: Doce por ocho
   Tono: Fa mayor
   Notas: Fa, La, Si♭, Do, Re, Mi, Re, Do, Si, La.

TEST 14 (CONTINUACIÓN)

6. Compás: Dos por cuatro

   Tono: Si mayor

   Notas: Fa♯, Sol♯, La♯, Si, Sol♯.

TEST 15 (PÁGINA 54)

1. Si, Fa♯, Sol♯.

2. Sol, Do.

3. Fa, Do♯.

4. Si♭, Re, Fa♯.

5. Si, Re, La♯.

6. Si♭, Fa, Mi.

TEST 16 (PÁGINA 55)

1. Menor natural.

2. Menor melódica.

3. Menor natural.

4. Menor armónica.

5. Menor melódica.

6. Menor armónica.

7. Menor natural.

8. Menor melódica y natural (las dos escalas son la misma cuando son descendentes).

TEST 17 (PÁGINA 59)

1. Do – Do (8ª justa)

2. Re – Fa♯ (3ª mayor)

3. Si♭ – Mi♭ (4ª justa)

4. Mi – Fa♯ (2ª mayor)

5. La – Sol♯ (7ª mayor)

6. Fa – Si♭ (4ª justa)

7. Do – Mi (3ª mayor)

8. Do – Mi (3ª mayor)

9. Re – Si (6ª mayor)

10. Si – Re♯ (3ª mayor)

11. La – Fa♯ (6ª mayor)

12. Do – Si (7ª mayor)

13. Fa – Re (6ª mayor)

14. Sol – Re (5ª justa)

15. Mi♭ – Sol (3ª mayor)

16. La – Fa♯ (6ª mayor)

17. Fa – Mi (7ª mayor)

18. Do – Si (7ª mayor)

19. Si♭ – Mi♭ (4ª justa)

20. Mi♭ – Si♭ (5ª justa)

21. Sol – La (2ª mayor)

22. Fa – Re (6ª mayor)

23. Re – Do♯ (7ª mayor)

24. Sol – Fa♯ (7ª mayor)

25. La♭ – Si♭ (2ª mayor)

26. Re – Re (8ª justa)

27. La – Do♯ (3ª mayor)

28. Sol – Do (4ª justa)

29. Si♭ – Re (3ª mayor)

30. Mi – Sol♯ (3ª mayor)

31. Si♭ – Mi♭ (4ª justa)

32. La – Mi♯ (5ª aumentada)

33. La – Sol (7ª menor)

34. Si – Do (2ª menor)

35. La – Fa (6ª menor)

36. Si – La♯ (7ª menor)

37. Mi – La♯ (4ª aumentada)

38. La – Fa (6ª menor)

39. Do – La♯ (6ª aumentada)

40. Fa – La (3ª aumentada)

Obsérvese que los ejercicios 33 a 40 están en clave de Fa.

TEST 18 (PÁGINA 60)

1. 5ª justa (i. armónico)

2. 2ª mayor (i. melódico)

3. 7ª menor (i. armónico)

4. 2ª mayor (i. armónico)

5. 4ª justa (i. melódico)

6. 6ª mayor (i. melódico)

7. 3ª menor (i. melódico)

8. 7ª mayor (i. armónico)

9. 3ª menor (i. armónico)

10. 5ª justa (i. melódico)

TEST 19 (PÁGINA 63)

1. 2ª mayor.

2. 5ª justa.

3. 3ª menor.

4. 6ª menor.

5. 7ª mayor.

6. 5ª aumentada.

7. 5ª disminuida.

8. 2ª disminuida.

9. 6ª menor.

10. 4ª justa.

TEST 19 (CONTINUACIÓN)

11. 5ª justa.

12. 4ª disminuida.

13. 5ª aumentada.

14. 3ª menor.

15. 6ª mayor.

16. 2ª mayor.

17. 3ª menor.

18. 5ª disminuida.

19. 4ª aumentada.

20. 8ª disminuida.

TEST 20 (PÁGINA 64)

1. Do – Sol (12ª justa).

2. Mi – Do♯ (13ª mayor).

3. Si – Mi♭ (11ª disminuida).

4. Sol – Mi (13ª mayor).

5. Si♭ – Fa (12ª justa).

6. Fa♯ – Re♯ (13ª mayor).

7. La – Fa (13ª menor).

8. Sol – Re (12ª justa).

TEST 21 (PÁGINA 67)

1. Transportado a Mi mayor.

2. Transportado a La mayor.

3. Transportado a Do mayor.

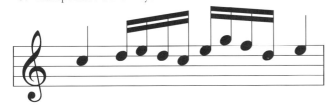

4. Transportado a Mi♭ mayor.

5. Transportado a Re mayor.

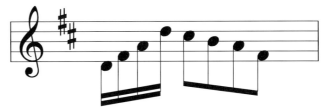

6. Transportado a Do mayor.

7. Transportado a La mayor.

8. Transportado a Re♭ mayor.

9. Transportado a Sol mayor.

10. Transportado a La♭ mayor.

TEST 22 (PÁGINA 70)

1. Sol aumentada.
2. Re mayor.
3. Fa mayor.
4. La menor.
5. Si♭ menor.
6. Sol mayor.
7. La disminuida.
8. Mi aumentada.

TEST 23 (PÁGINA 71)

1. Mayor.
2. Menor.
3. Disminuida.
4. Menor.
5. Aumentada.
6. Mayor.

TEST 24 (PÁGINA 73)

1. Do mayor, primera inversión.
2. Do mayor, posición abierta.
3. Mi menor, primera inversión.
4. La menor, primera inversión.
5. Re mayor, primera inversión.
6. Fa mayor, segunda inversión.
7. Do disminuida, segunda inversión.
8. Do mayor, posición abierta, segunda inversión.
9. Do aumentada, segunda inversión.
10. Si mayor, segunda inversión.

TEST 25 (PÁGINA 75)

1. Do mayor.
2. Re mayor.
3. Mi menor.
4. La menor.
5. Mi mayor.
6. Fa mayor.
7. Re menor.

TEST 26 (PÁGINA 76)

1. Séptima dominante.
2. Séptima mayor.
3. Séptima dominante.
4. Séptima menor.
5. Séptima semidisminuida.

6. Séptima menor.
7. Séptima mayor.
8. Séptima semidisminuida.

TEST 27 (PÁGINA 85)

(véanse los pentagramas de la página siguiente)

1er compás

La blanca y la negra ligadas se sustituyen por una blanca con puntillo.

2º compás

Las tres negras ligadas se sustituyen por una blanca con puntillo.

3er compás

El grupo de ocho corcheas se debe romper en un grupo de cuatro y un grupo de dos (cuatro es la cantidad máxima que se puede usar en un compás de cuatro por cuatro). Las dos corcheas ligadas al final del grupo se sustituyen por una sola negra.

4º compás

Sin cambios.

5º compás

Dado que las cuatro corcheas agrupadas ocupan los dos tiempos centrales del compás, se deben descomponer en dos pares para que se ajusten a los tiempos.

6º compás

Sin cambios.

7º compás

Las corcheas ligadas se sustituyen por una blanca. Además, de acuerdo con la práctica de escritura habitual, los palos de las corcheas agrupadas estarían mejor si apuntaran hacia arriba.

8º compás

En este compás hay un tiempo de más. Hay varias opciones posibles para corregir este error. Las dos blancas ligadas se podrían convertir en una redonda y se podría eliminar el silencio de negra. O también podría acabarse con una blanca con puntillo y conservar el silencio de negra.

Armadura

Con estos seis sostenidos, advertimos inmediatamente que esta pieza está en Fa♯ mayor, de modo que las notas de la escala son Fa♯, Sol♯, La♯, Si, Do♯, Re♯, Mi♯ y Fa♯.

Notas

1er compás: Fa♯, Sol♯.

2º compás: La♯, Sol♯, La♯.

3er compás: Si, Do♯, Re♯, Mi♯, Fa♯, Sol♯, La♯.

4º compás: Do♯.

1er COMPÁS   2º COMPÁS   3er COMPÁS

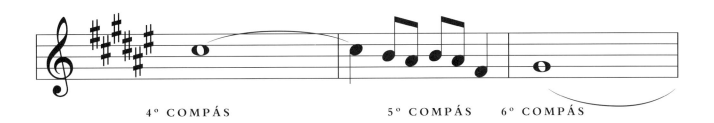

4º COMPÁS   5º COMPÁS   6º COMPÁS

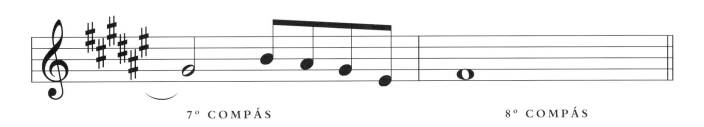

7º COMPÁS   8º COMPÁS

TEST 27 (CONTINUACIÓN)

5º compás: Si, La♯, Si, La♯, Fa♯.

6º compás: Sol♯.

7º compás: Si, La♯, Sol♯, Mi♯.

8º compás: Fa♯.

TEST 28 (PÁGINA 91)

1. Mayor.
2. Menor pentatónica.
3. De tonos/aumentada.
4. Mayor pentatónica.
5. Menor natural.
6. Menor pentatónica.
7. Menor melódica.
8. Menor armónica.

TEST 29 (PÁGINA 99)

Para facilitar la interpretación, se ha dividido la secuencia en secciones:

1. A, B, C, D (repetición desde el principio).

2. A, B, C, D (queda sin efecto el signo de repetición), E, F (se repite desde el compás E).

3. E, F (queda sin efecto el signo de repetición) G (repetición desde el signo).

4. B, C, D (queda sin efecto el signo de repetición), E, F (queda sin efecto el signo de repetición), G (ya no tiene efecto el *dal segno*), H (se vuelve al *da capo*).

5. A, B, C, D (no tiene efecto el signo de repetición), E, F (no tiene efecto el signo de repetición), G (no tiene efecto el *dal segno*), se salta el compás H y se toca el I hasta el *fine*.

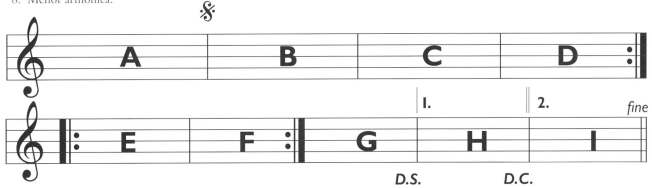

Índice

Agradecimientos y bibliografía

Terry Burrows desea expresar su agradecimiento a las siguientes personas por su colaboración en este proyecto: Lucian Randall y Zoe Mercer de Carlton Books; Hugh Schermuly por el diseño; Andrew O'Brien por sus correcciones y sugerencias; Aaron King por su asesoramiento en lo que se refiere a la terminología estadounidense; Nick Kaçal por confrontar las cuestiones más técnicas de la teoría musical; y, por supuesto, a Junoir.

Ainsley, Robert. *Enciclopedia de la música clásica*. Parramón, 2002.

Baxter, Harry/Michael. *Cómo leer música*. Robin Book, 1999.

Burrows, Terry. *La técnica de la guitarra rock*. Raíces, 1996.

– *La técnica de la guitarra country*. Raíces, 1996.

– *Método completo de guitarra*. Parramón, 2001.

Chapman, Richard. *El guitarrista completo*. Raíces, 1994.

Denyer, Ralph. *Manual de guitarra*. Raíces, 1992.

Evans, Roger. *Cómo leer música*. Edaf, 1984.

Martín, Juan. *El arte del flamenco de la guitarra*. United Music, 1982.

Massimo, Zane. *Cómo leer la música*. De Vecchi, 1996.

Navarro García, César. *Introducción al lenguaje musical*. Piles, Editorial de la Música, 1999.

Satie, Erik. *Cuadernos de un mamífero*. El acantilado, 1999.

Zamacois Soler, Joaquim. *Teoría de la música (2 vols.)*. Idea Books, 2002.

– *Temas de pedagogía musical*. Quiroga, 1995.

Zenemij, N. *Aprender jugando la música: cuaderno de teoría y escritura musical para principiantes*. Real Music, 2002.